Tracing & Writing

Characters and Sentences

for
Learning Chinese The Easy Way
Level 1 books (3 stories)
Sam Song

Copyright © 2012 Sam SONG
All rights reserved.

No part of this book may be reprinted or reproduced
in any form without permission in writing from the author.

Distributed by Amazon.com in USA

For information about books to be published,
please visit
http://www.discoverchinese.cn/

Publicity

To request the author for an interview or for an appearance at an event
(conference, speaking engagement, etc.), please email
samsong.author@gmail.com or
samsong.author@msa.hinet.net

(March 12, 2012 edition)

Two Men and The Bear   二人与熊   1

(In this book, we will trace and write Simplified characters in Learning Chinese The Easy Way Level 1 books.)

二人看到一只熊，一人立刻爬上树，另
èr rén kàn dào yī zhī xióng, yī rén lì kè pá shàng shù, lìng

一人马上倒下装死。熊用鼻子在他的脸
yī rén mǎ shàng dǎo xià zhuāng sǐ。xióng yòng bí zǐ zài tā de liǎn

上闻了闻，就走了。躲在树上的人下来
shàng wén le wén, jiù zǒu le。duǒ zài shù shàng de rén xià lái

了，问"熊说了什么？" 答"熊说：自私的
le, wèn "xióng shuō le shí me?" dá "xióng shuō: zì sī de

人逃的快，不是好朋友。"
rén táo de kuài, bú shì hǎo péng yǒu。"

Two people saw a Bear. One person immediately climbed into a tree. The other person immediately and purposely fell over down upon the ground to play dead. The Bear put its nose to his face, and sniffed briefly. Then the bear went away. Coming down from the tree, the person asked "What did the Bear say to you?" Answered, "The Bear said that The selfish person fled away fast. He is not a good friend."

Characters also learned in the story:

三目土至熊　　刀巴爪木力　　口歹衣卜中
sān mù tǔ zhì néng　　dāo bā zhǎo mù lì　　kǒu dǎi yī bo zhōng

自田子女也　　他她白勺戈　　你心您门们
zì tián zǐ nǚ yě　　tā tā bái sháo gē　　nǐ xīn nín mén men

月弓耳犬尤　　京身言十林　　森麻禾竹筷
yuè gōng ěr quǎn yóu　　jīng shēn yán shí lín　　sēn má hé zhú kuài

日正戈
rì zhèng gē

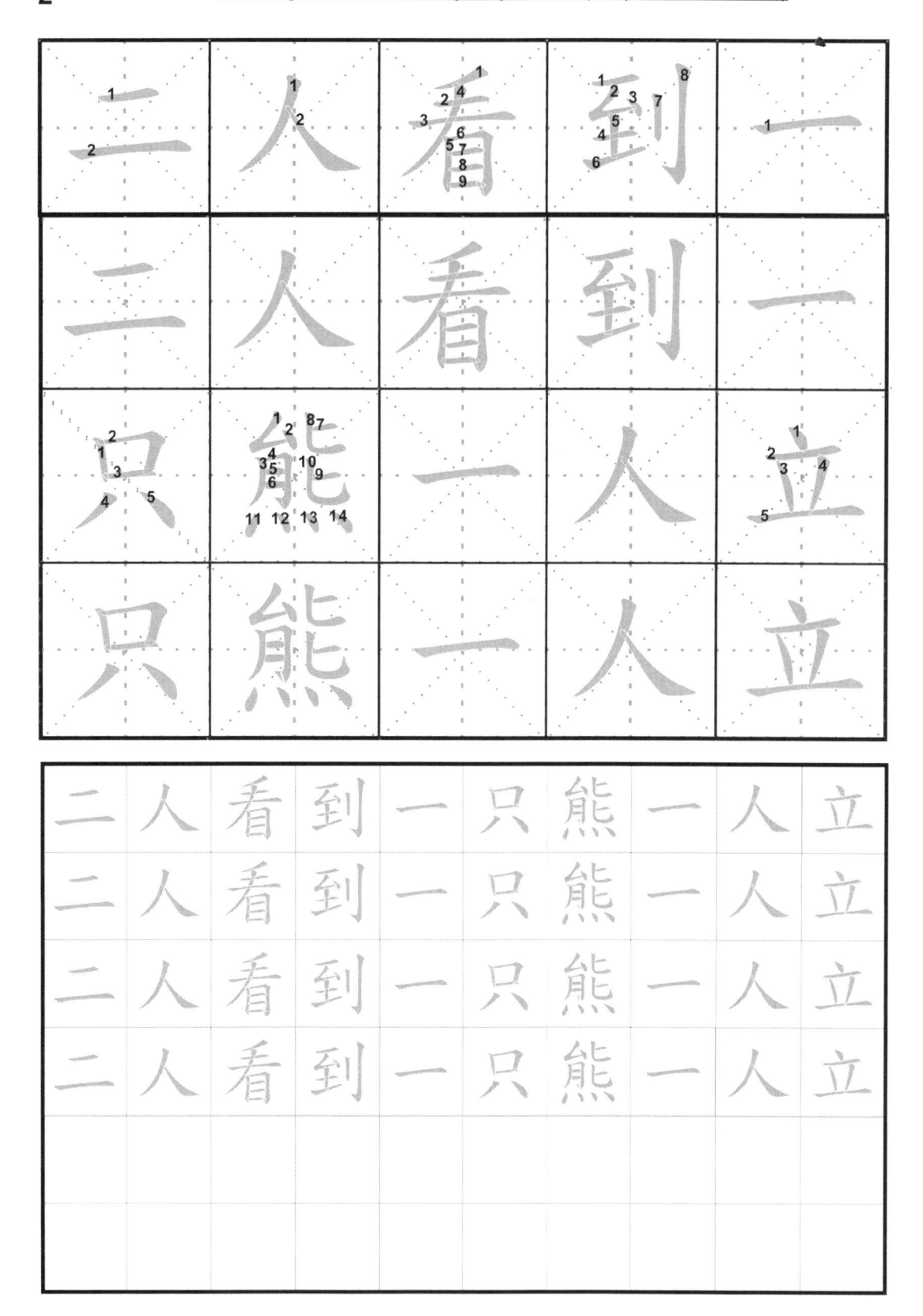

Learning Chinese The Easy Way Level 1 (Simplified Characters)

二	人	看	到	一
二	人	看	到	一
只	熊	一	人	立
只	熊	一	人	立

二	人	看	到	一	只	熊	一	人	立
二	人	看	到	一	只	熊	一	人	立
二	人	看	到	一	只	熊	一	人	立
二	人	看	到	一	只	熊	一	人	立

Two Men and The Bear 二人与熊

刻 爬 上 树 另 一 人 马 上 倒

Learning Chinese The Easy Way Level 1 (Simplified Characters)

下	装	死	熊	用
下	装	死	熊	用
鼻	子	在	他	脸
鼻	子	在	他	脸

下	装	死	熊	用	鼻	子	在	他	脸
下	装	死	熊	用	鼻	子	在	他	脸
下	装	死	熊	用	鼻	子	在	他	脸
下	装	死	熊	用	鼻	子	在	他	脸

Two Men and The Bear 二人与熊

上	闻	了	闻	就
上	闻	了	闻	就
走	了	躲	在	树
走	了	躲	在	树

上	闻	了	闻	就	走	了	躲	在	树
上	闻	了	闻	就	走	了	躲	在	树
上	闻	了	闻	就	走	了	躲	在	树
上	闻	了	闻	就	走	了	躲	在	树

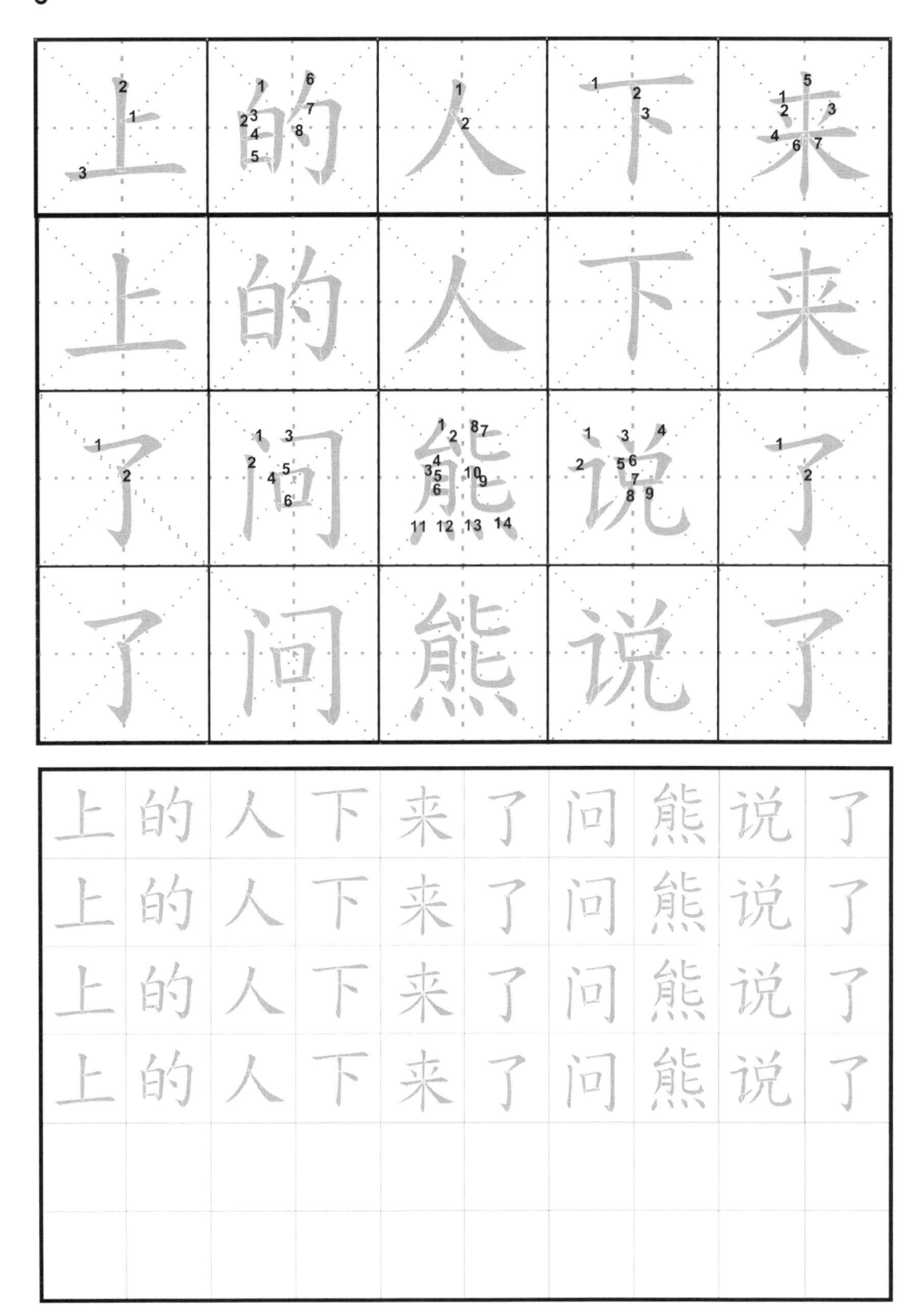

Learning Chinese The Easy Way Level 1 (Simplified Characters)

上	的	人	下	来
上	的	人	下	来
了	问	熊	说	了
了	问	熊	说	了

上	的	人	下	来	了	问	熊	说	了
上	的	人	下	来	了	问	熊	说	了
上	的	人	下	来	了	问	熊	说	了
上	的	人	下	来	了	问	熊	说	了

Two Men and The Bear 二人与熊

什	么	答	熊	说
什	么	答	熊	说
自	私	的	人	逃
自	私	的	人	逃

什	么	答	熊	说	自	私	的	人	逃
什	么	答	熊	说	自	私	的	人	逃
什	么	答	熊	说	自	私	的	人	逃
什	么	答	熊	说	自	私	的	人	逃

的	快	不	是	好
的	快	不	是	好
朋	友			
朋	友			

的	快	不	是	好	朋	友	
的	快	不	是	好	朋	友	
的	快	不	是	好	朋	友	
的	快	不	是	好	朋	友	

Two Men and The Bear 二人与熊

三	目	土	至	能
三	目	土	至	能
刀	巴	爪	木	力
刀	巴	爪	木	力

三	目	土	至	能	刀	巴	爪	木	力
三	目	土	至	能	刀	巴	爪	木	力
三	目	土	至	能	刀	巴	爪	木	力
三	目	土	至	能	刀	巴	爪	木	力

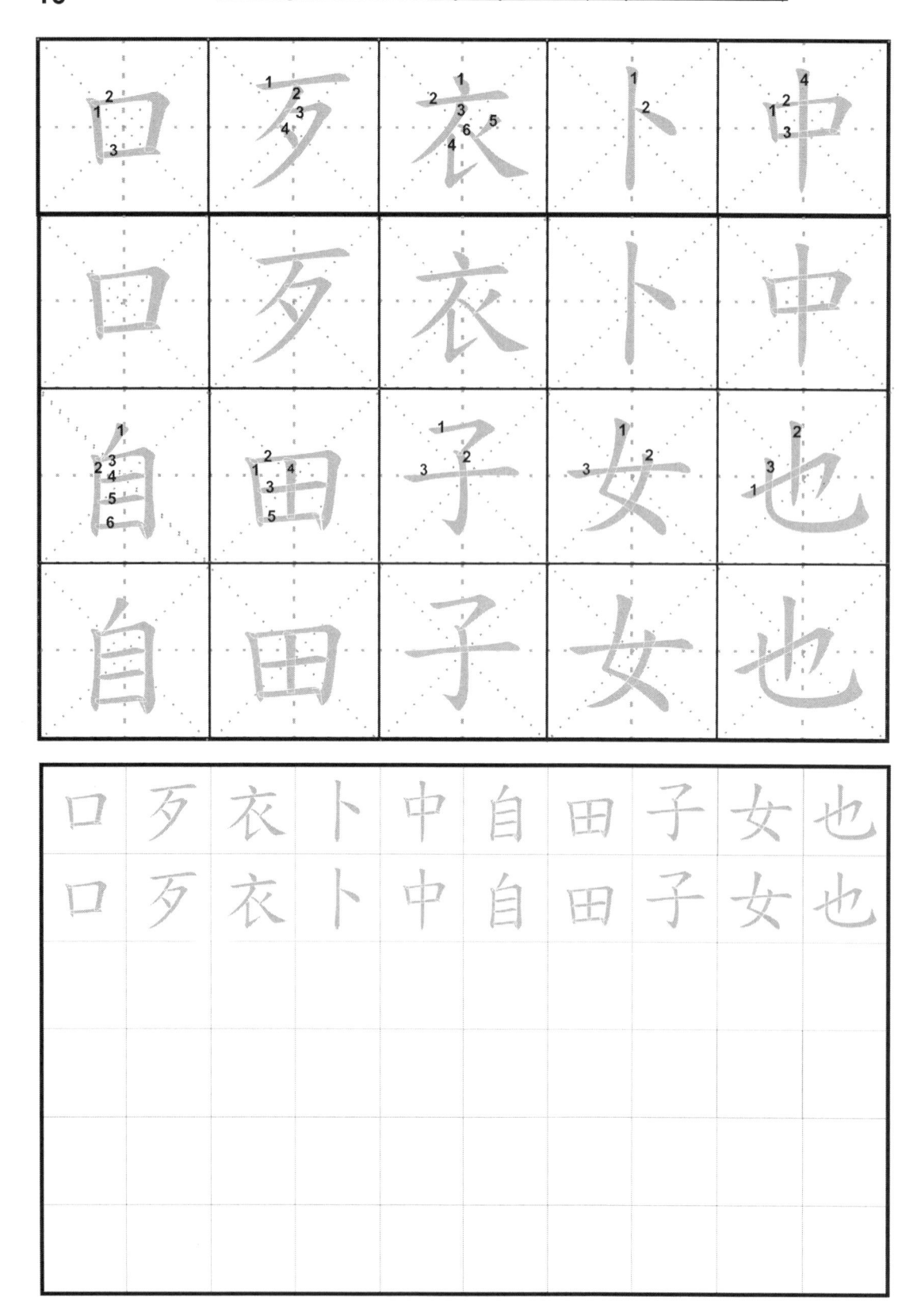

口	歹	衣	卜	中
口	歹	衣	卜	中
自	田	子	女	也
自	田	子	女	也

口	歹	衣	卜	中	自	田	子	女	也
口	歹	衣	卜	中	自	田	子	女	也

Two Men and The Bear 二人与熊

他 她 白 勺 我
你 心 您 门 们

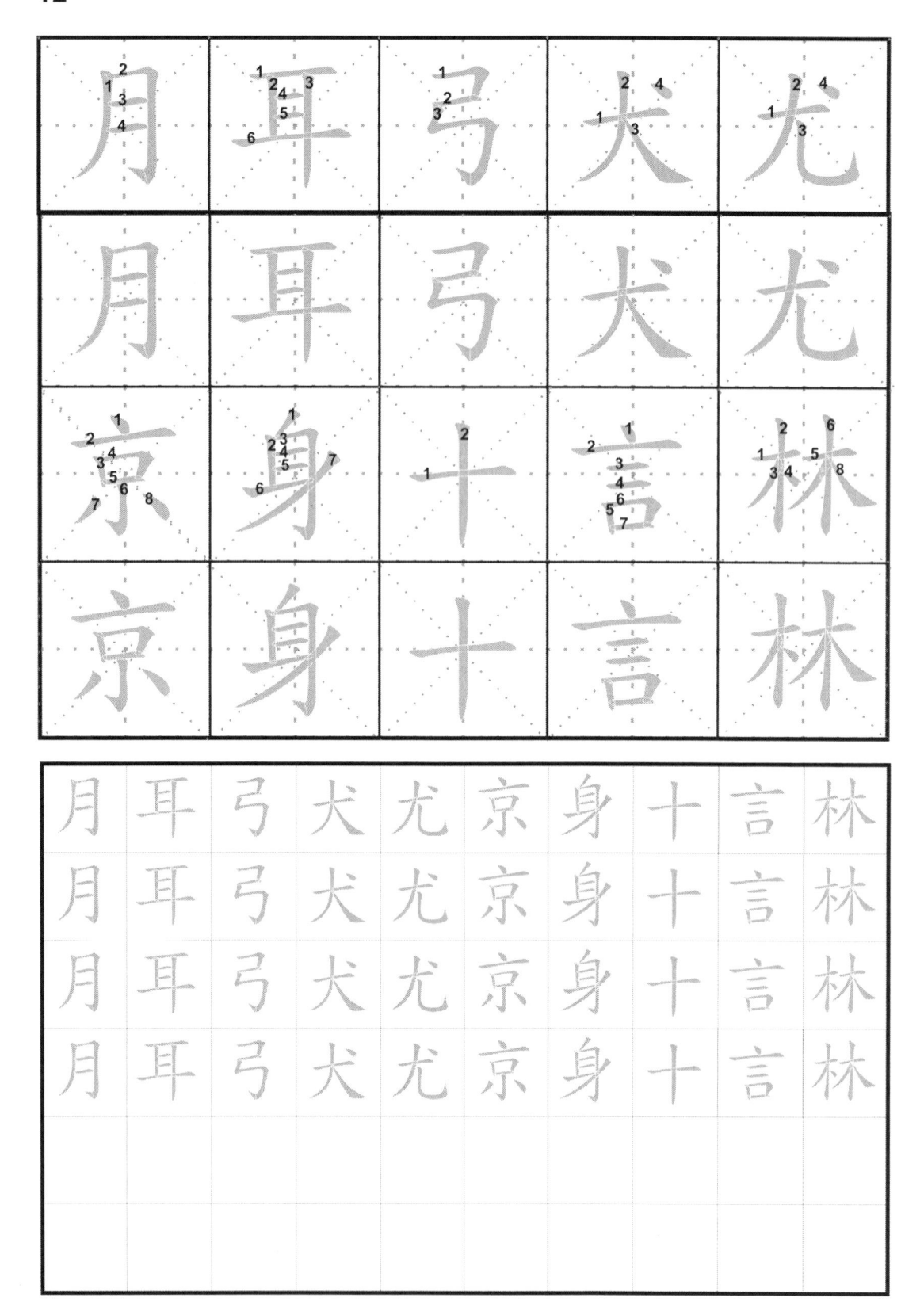

Learning Chinese The Easy Way Level 1 (Simplified Characters)

月	耳	弓	犬	尤
月	耳	弓	犬	尤
京	身	十	言	林
京	身	十	言	林

月	耳	弓	犬	尤	京	身	十	言	林
月	耳	弓	犬	尤	京	身	十	言	林
月	耳	弓	犬	尤	京	身	十	言	林
月	耳	弓	犬	尤	京	身	十	言	林

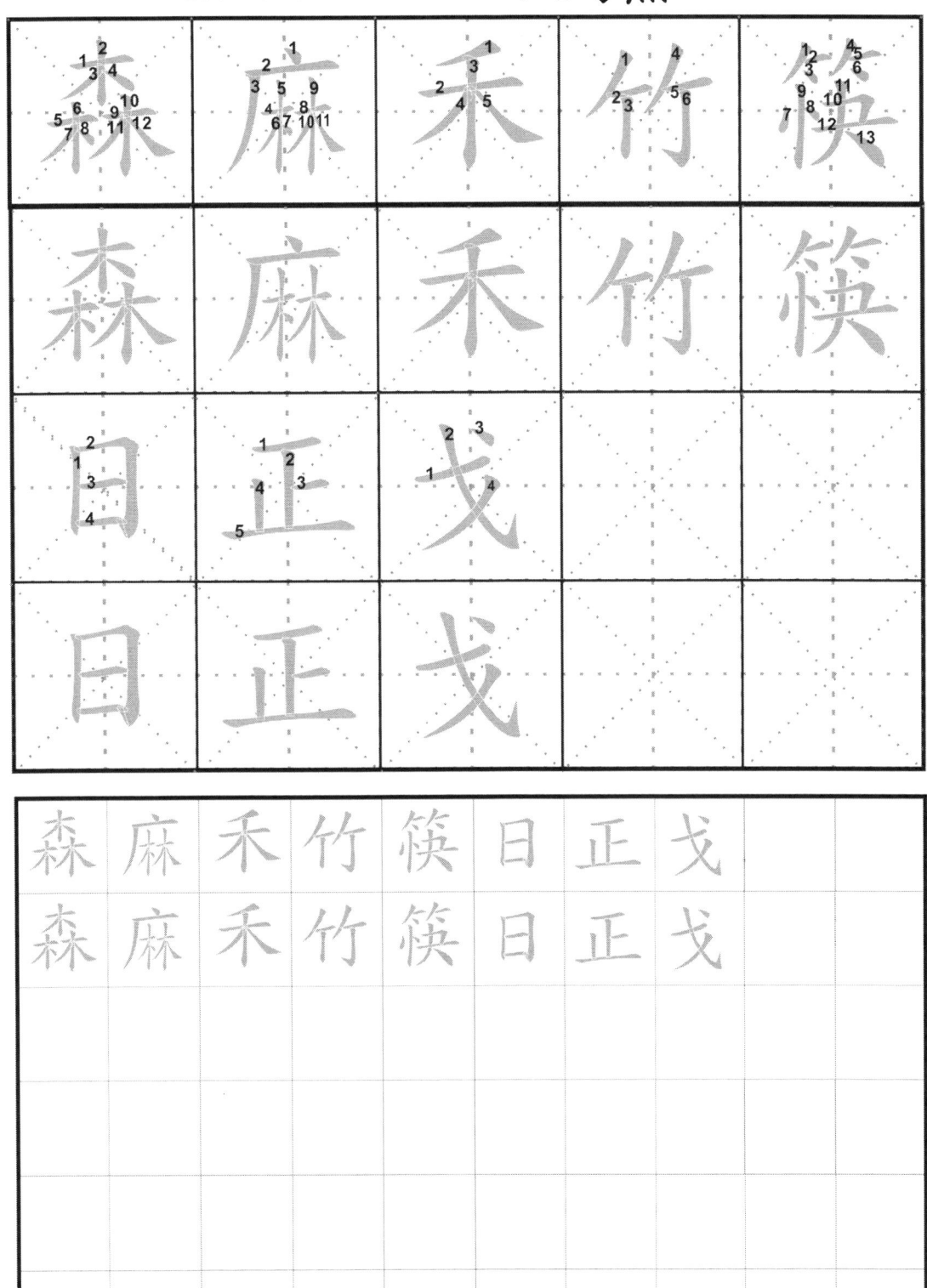

Two Men and The Bear 二人与熊

森 麻 禾 竹 筷
日 正 戈

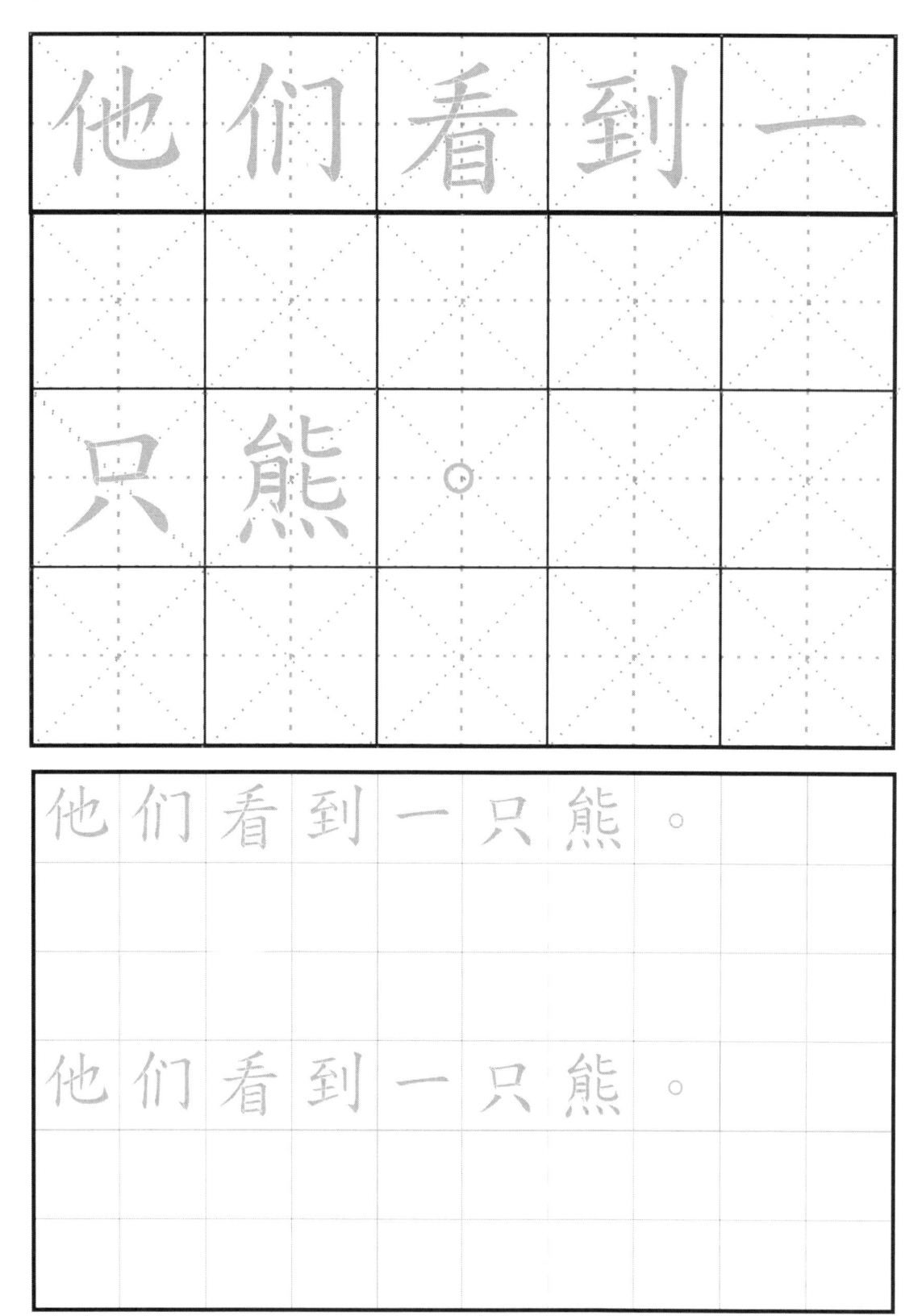

他们看到一只熊。
tā men kàn dào yī zhī xióng
They saw a bear.

The Wind and The Sun 风与太阳

风与太阳正在争论谁的力量大。这时,他们看到一个行人走在路上,太阳说:"谁能使行人脱下衣服谁就力量大。"太阳藏在乌云后面,风开始用力吹,风刮的越猛烈,行人越是抓紧自己的衣服。太阳出来了,暖暖的照向行人,行人热了,很快把外衣脱下。

寓意:温和的力量常常更为有效。

The Wind and the Sun were arguing which one was more powerful. At this moment, they saw a pedestrian walking down the road, and the Sun said: "Whichever of us can cause him to take off his clothing shall be regarded as more powerful." So the Sun hid behind the dark cloud, and the Wind began to blow hard upon the man. However the harder the Wind blew, the tighter the man held on to his clothing. Then the Sun came out and shone warmly upon the man. As the man walked, he found it was too hot. Quickly he took off his outer clothing. Implied meaning: Being peaceful is often a more effective method.

虫 大 士 寸 固 吏 史 鸟 火 黑　雨 舌 列 臣 音 水 巾 交
chóng dà shì cùn gù lì shǐ niǎo huǒ hēi　yǔ shé liè chén yīn shuǐ jīn jiāo

风 与 太 阳 正

风 与 太 阳 正

在 争 论 谁 的

在 争 论 谁 的

风 与 太 阳 正 在 争 论 谁 的
风 与 太 阳 正 在 争 论 谁 的
风 与 太 阳 正 在 争 论 谁 的
风 与 太 阳 正 在 争 论 谁 的

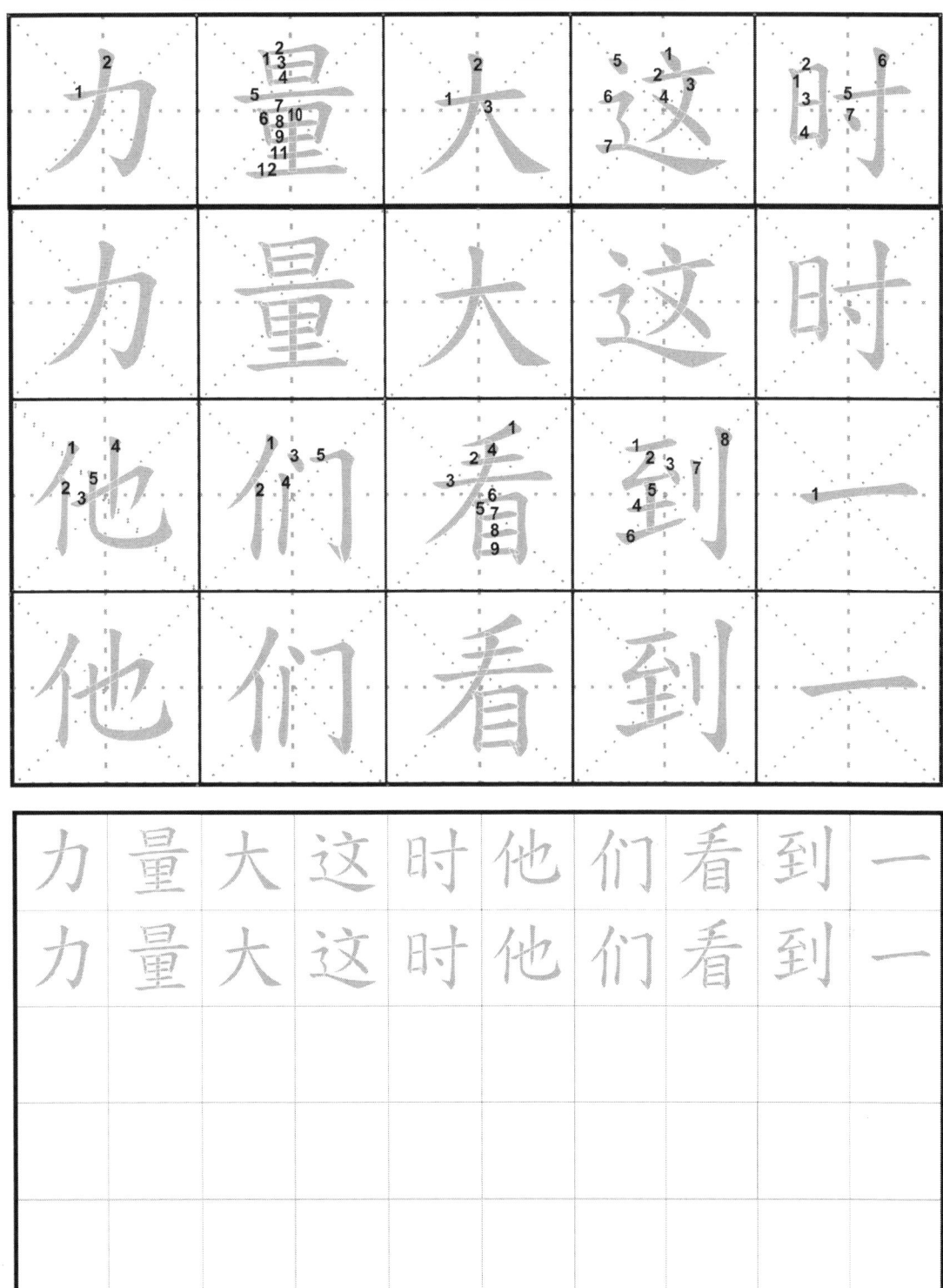

The Wind and The Sun 风与太阳

力	量	大	这	时
力	量	大	这	时
他	们	看	到	一
他	们	看	到	一

力 量 大 这 时 他 们 看 到 一
力 量 大 这 时 他 们 看 到 一

个	行	人	走	在
个	行	人	走	在
路	上	太	阳	说
路	上	太	阳	说

个	行	人	走	在	路	上	太	阳	说
个	行	人	走	在	路	上	太	阳	说
个	行	人	走	在	路	上	太	阳	说
个	行	人	走	在	路	上	太	阳	说

The Wind and The Sun 风与太阳

谁 能 使 行 人 脱 下 衣 服 谁

就 力 量 大 太 阳 藏 在 乌 云

The Wind and The Sun **风与太阳**

后	面	风	开	始
后	面	风	开	始
用	力	吹	风	刮
用	力	吹	风	刮

后	面	风	开	始	用	力	吹	风	刮
后	面	风	开	始	用	力	吹	风	刮
后	面	风	开	始	用	力	吹	风	刮
后	面	风	开	始	用	力	吹	风	刮

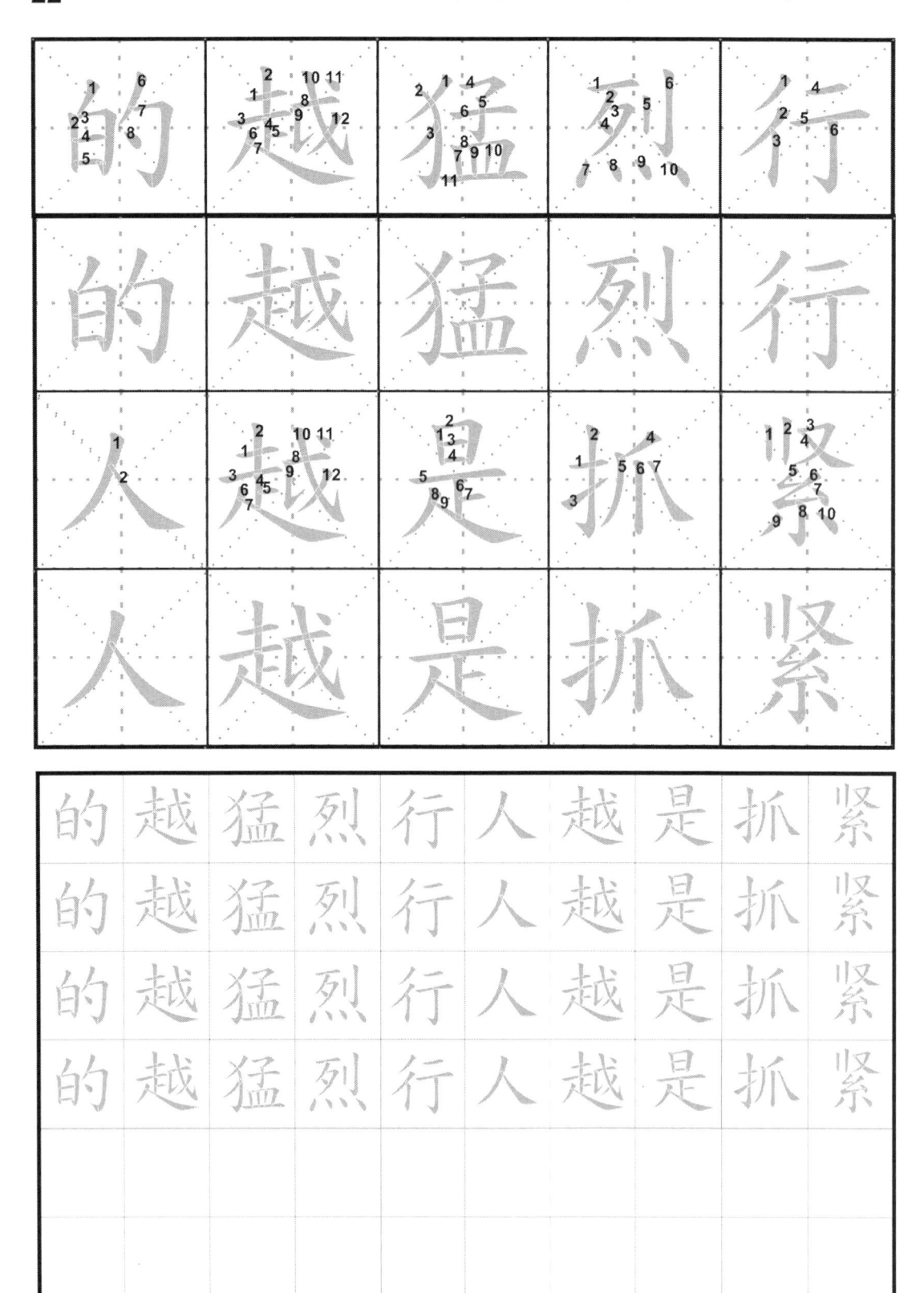

Learning Chinese The Easy Way Level 1 (Simplified Characters)

的	越	猛	烈	行
的	越	猛	烈	行
人	越	是	抓	紧
人	越	是	抓	紧

的	越	猛	烈	行	人	越	是	抓	紧
的	越	猛	烈	行	人	越	是	抓	紧
的	越	猛	烈	行	人	越	是	抓	紧
的	越	猛	烈	行	人	越	是	抓	紧

The Wind and The Sun 风与太阳

自	己	的	衣	服
自	己	的	衣	服
太	阳	出	来	了
太	阳	出	来	了

自	己	的	衣	服	太	阳	出	来	了
自	己	的	衣	服	太	阳	出	来	了
自	己	的	衣	服	太	阳	出	来	了
自	己	的	衣	服	太	阳	出	来	了

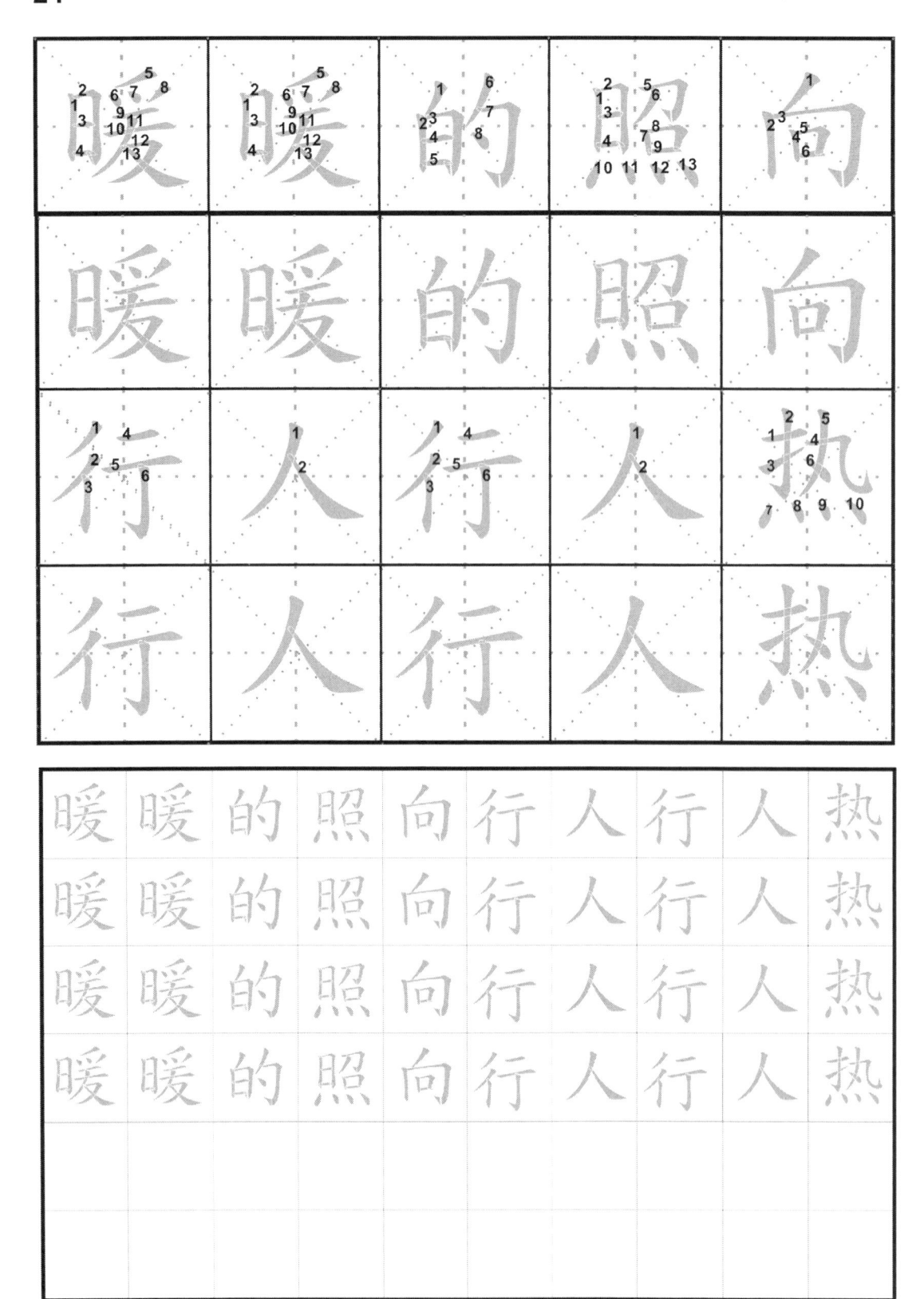

暖	暖	的	照	向
暖	暖	的	照	向
行	人	行	人	热
行	人	行	人	热

暖	暖	的	照	向	行	人	行	人	热
暖	暖	的	照	向	行	人	行	人	热
暖	暖	的	照	向	行	人	行	人	热
暖	暖	的	照	向	行	人	行	人	热

The Wind and The Sun **风与太阳**

很	快	把	外	衣
很	快	把	外	衣
脱	下	寓	意	温
脱	下	寓	意	温

很	快	把	外	衣	脱	下	寓	意	温
很	快	把	外	衣	脱	下	寓	意	温
很	快	把	外	衣	脱	下	寓	意	温
很	快	把	外	衣	脱	下	寓	意	温

和 的 力 量 常

和 的 力 量 常

常 更 为 有 效

常 更 为 有 效

和	的	力	量	常	常	更	为	有	效
和	的	力	量	常	常	更	为	有	效
和	的	力	量	常	常	更	为	有	效
和	的	力	量	常	常	更	为	有	效

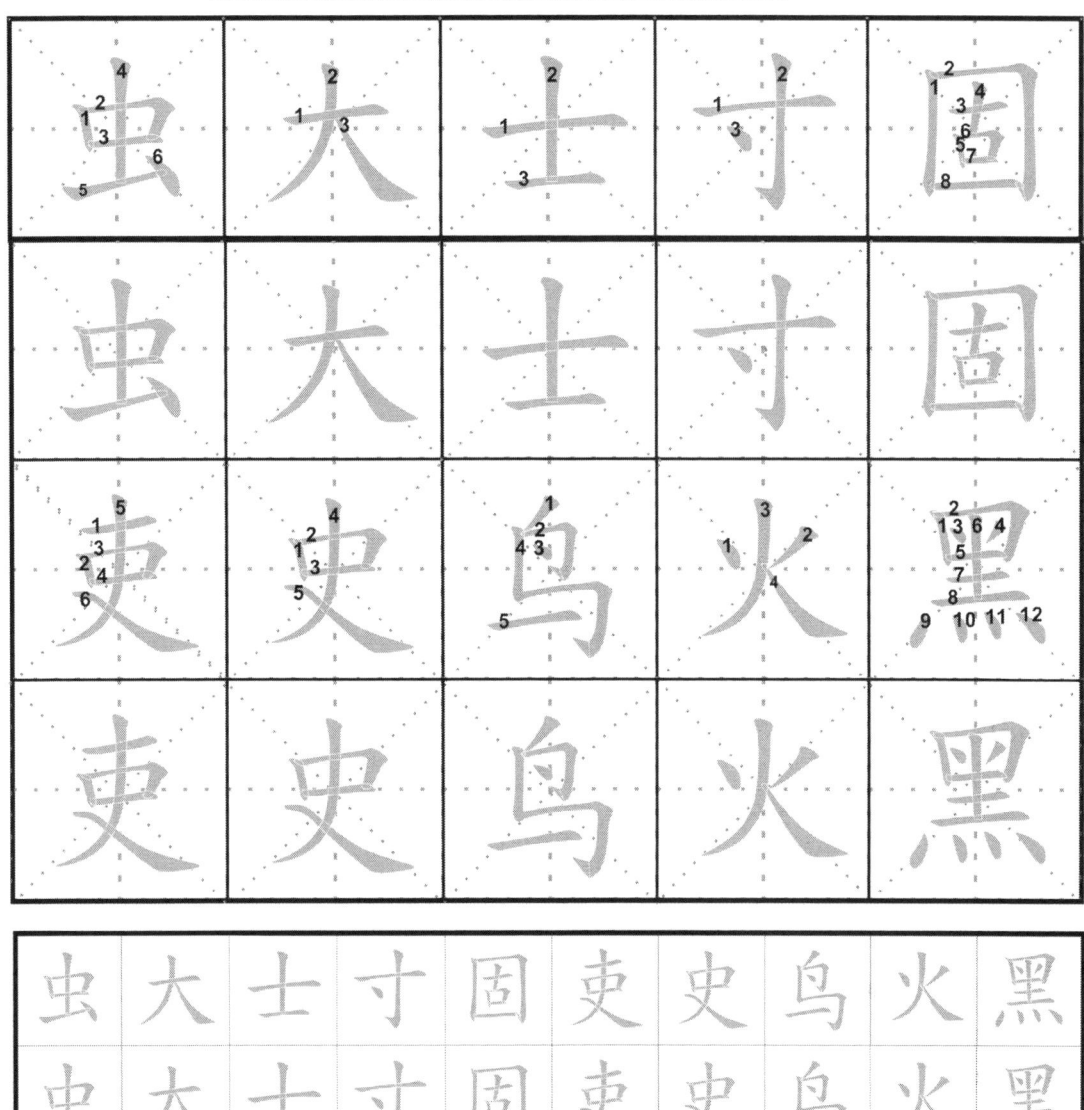

The Wind and The Sun 风与太阳

虫	大	士	寸	固
虫	大	士	寸	固
吏	史	鸟	火	黑
吏	史	鸟	火	黑

虫	大	士	寸	固	吏	史	鸟	火	黑
虫	大	士	寸	固	吏	史	鸟	火	黑

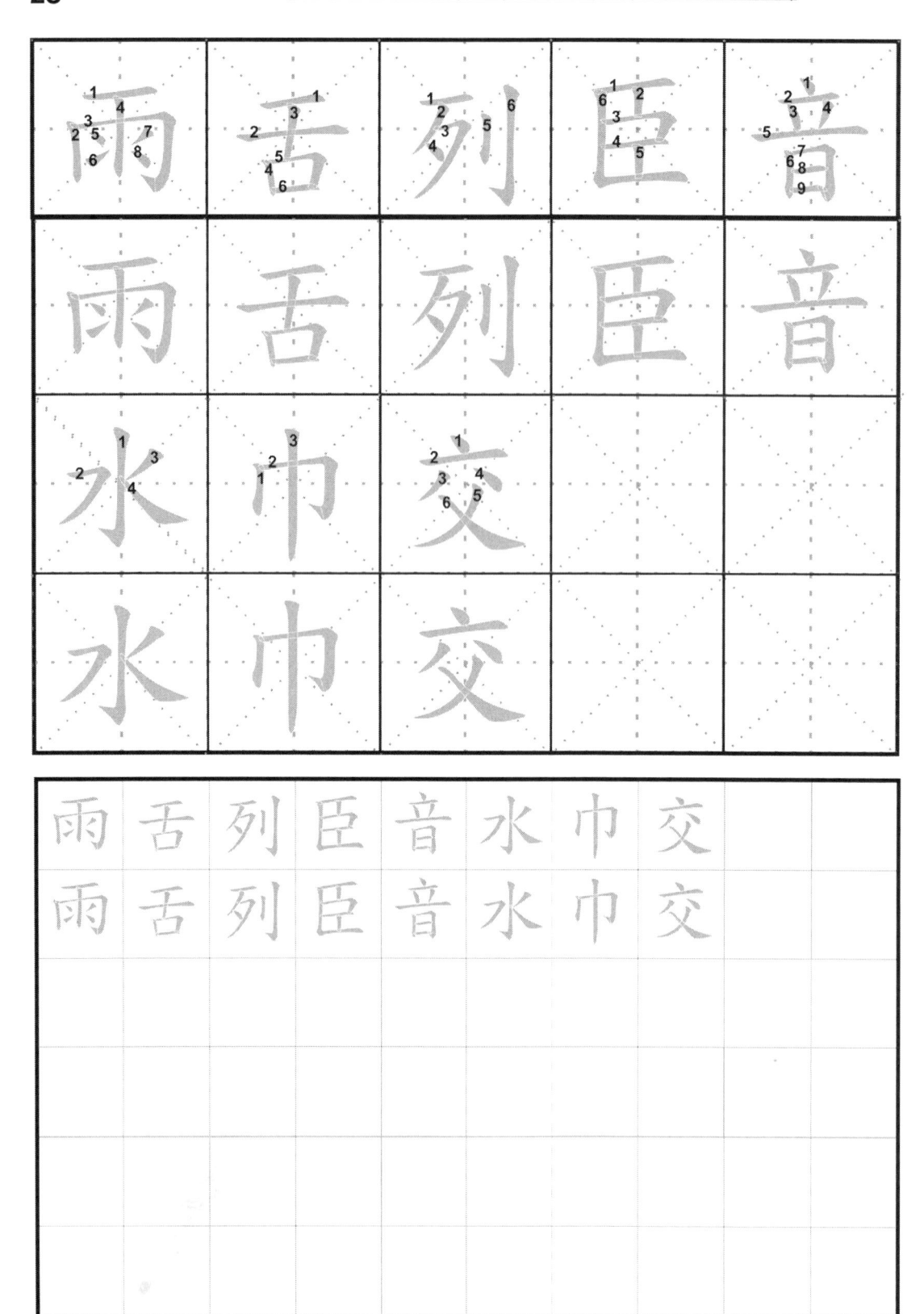

雨	舌	列	臣	音
雨	舌	列	臣	音
水	巾	交		
水	巾	交		

雨	舌	列	臣	音	水	巾	交
雨	舌	列	臣	音	水	巾	交

The Fox and The Goat 狐狸与山羊

一只不走运的狐狸，不小心失足掉入一口井里。井太深，狐狸无法逃出来。这时，一只山羊经过看见了，问狐狸为什么在井里？狐狸说："哦！你不知道吗？这儿快发生大旱灾，我跳进井里看看，你为什么不下来一起喝水？"山羊相信了狐狸的话，就跳进井里。狐狸立刻跳上山羊的背，又一跳，跳出水井。狐狸说："再见，我的朋友！记住不要相信一个身陷困境中的狐狸。"

An unlucky Fox incautiously lost its footing and fell into a well. Because the well was too deep, the Fox couldn't escape the well. At the moment, a Goat passed by and saw the Fox, so the Goat asked why the Fox was in the well. "Oh! Don't you know?" said the Fox, "There is going to be a severe drought, so, I jumped into the well to take a look. Why don't you come down to drink water with me?" The Goat believed the Fox's words, so the Goat jumped into the well. The Fox immediately jumped on the Goat's back. Then jumping again, the Fox got out of the well. "Good-bye, my friend!" said the Fox, "Remember! Never believe a fox trapped in the middle of a difficult situation."

瓜 车 军 穴 去　　兆 戈 矢 首 马　　北 主 西 固
guā chē jun1 xué qù　　zhào gē shǐ shǒu mǎ　　běi zhǔ xī gù

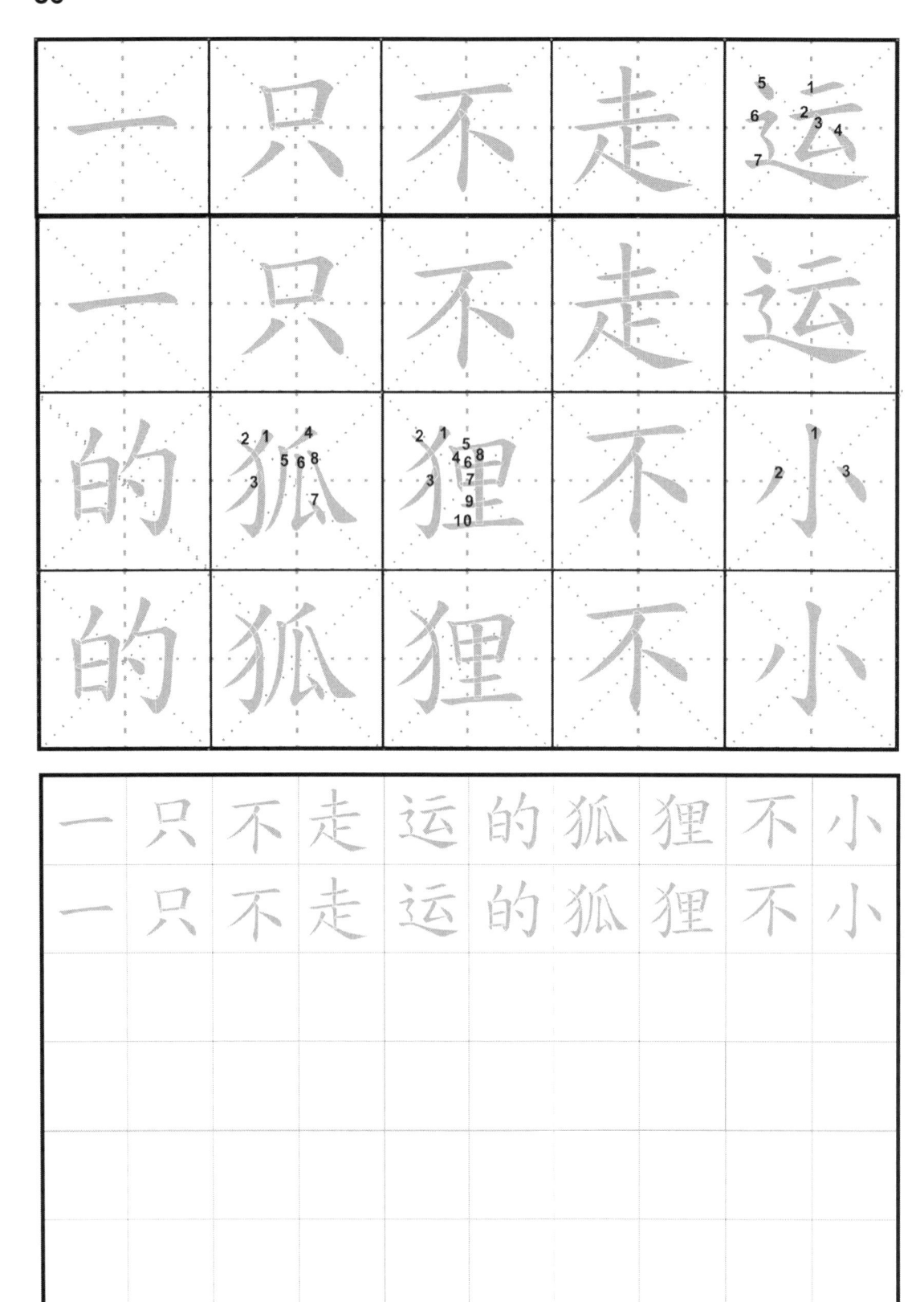

一 只 不 走 运
一 只 不 走 运
的 狐 狸 不 小
的 狐 狸 不 小

一 只 不 走 运 的 狐 狸 不 小
一 只 不 走 运 的 狐 狸 不 小

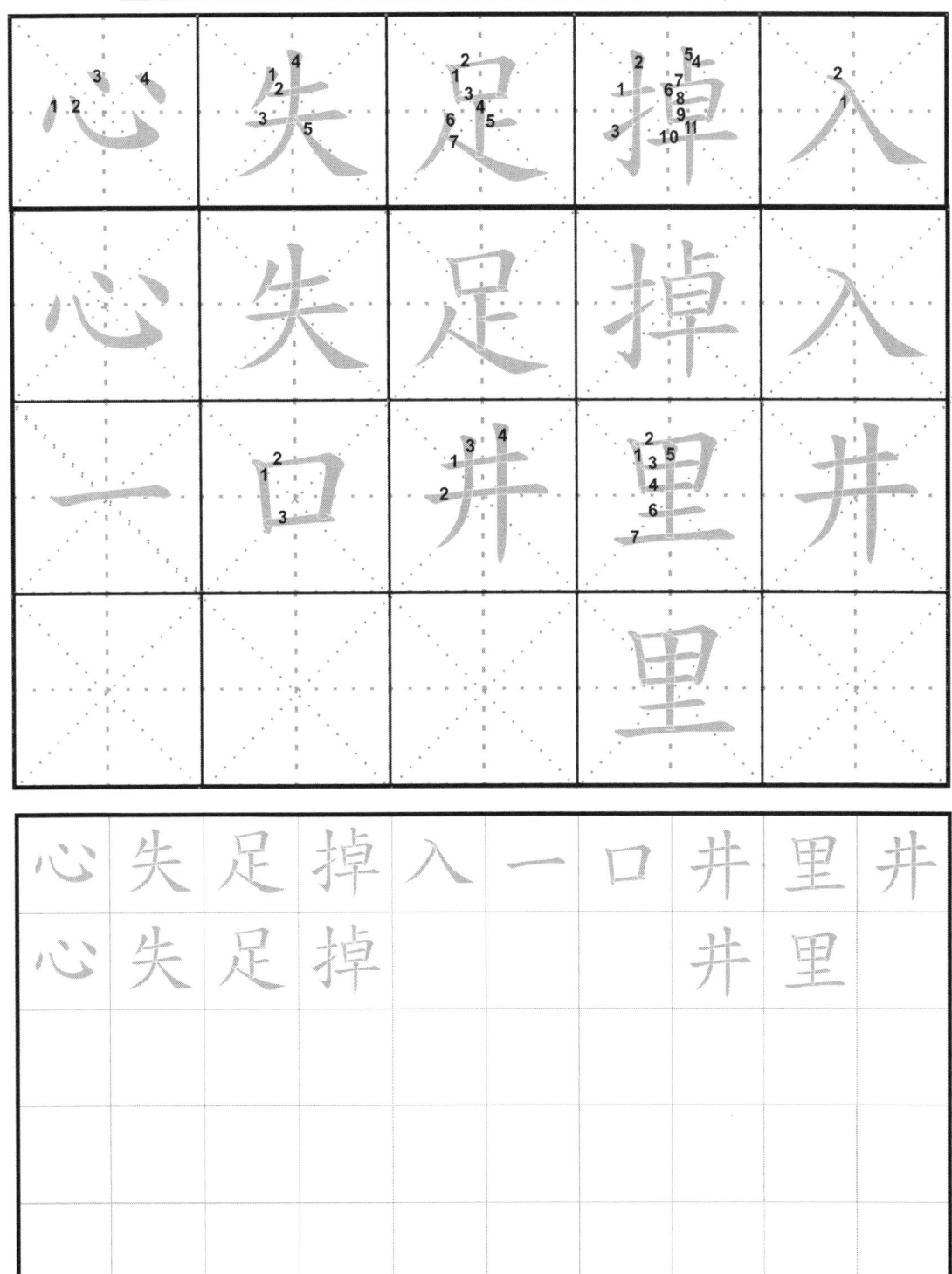

The Fox and The Goat 狐狸与山羊

心	失	足	掉	入
心	失	足	掉	入
一	口	井	里	井
			里	

心	失	足	掉	入	一	口	井	里	井
心	失	足	掉				井	里	

太	深	狐	狸	无
太	深	狐	狸	无
法	逃	出	来	
法	逃	出	来	

太	深	狐	狸	无	法	逃	出	来
太	深	狐	狸	无	法	逃	出	来

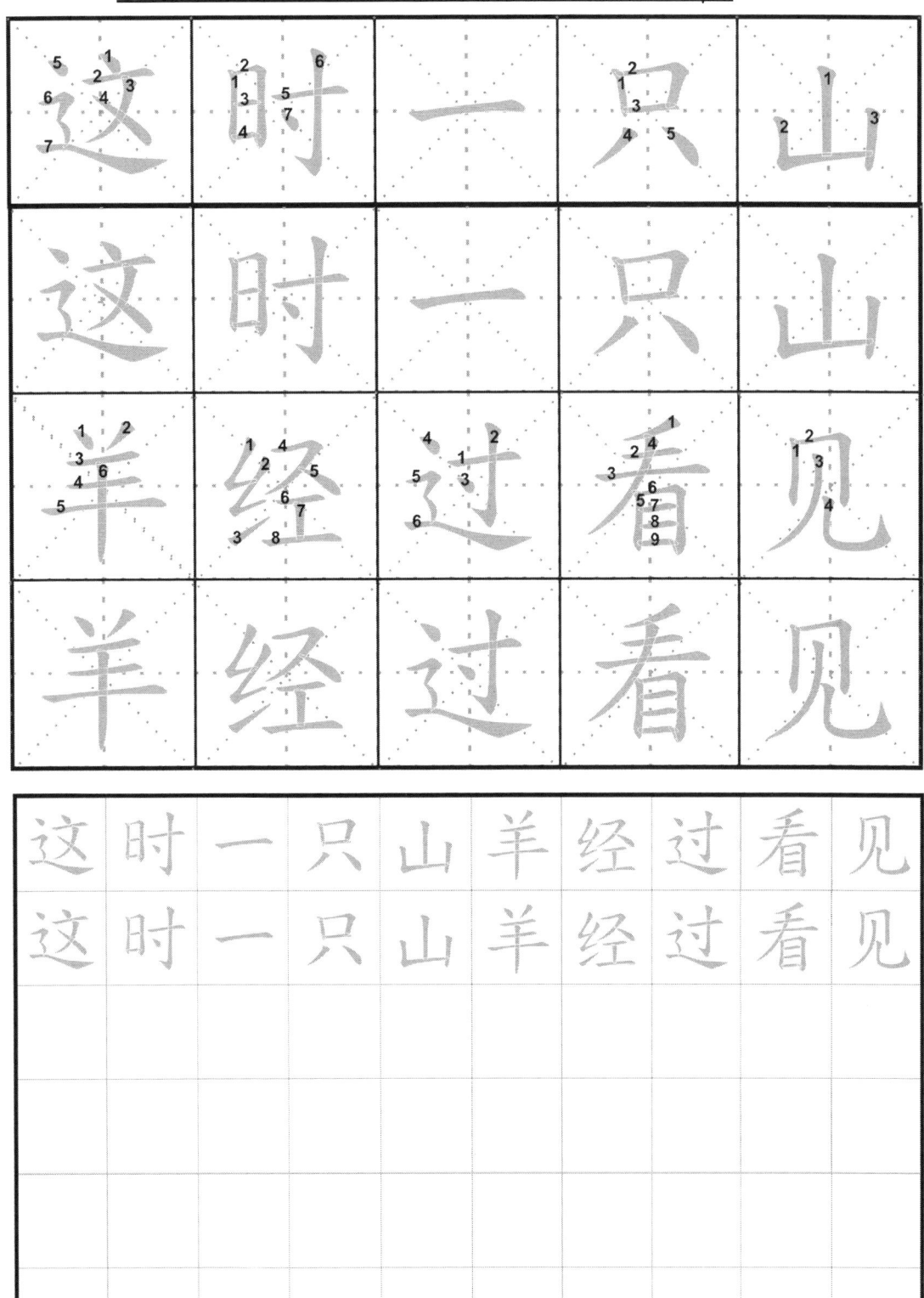

The Fox and The Goat 狐狸与山羊

这	时	一	只	山
这	时	一	只	山
羊	经	过	看	见
羊	经	过	看	见

这时一只山羊经过看见
这时一只山羊经过看见

33

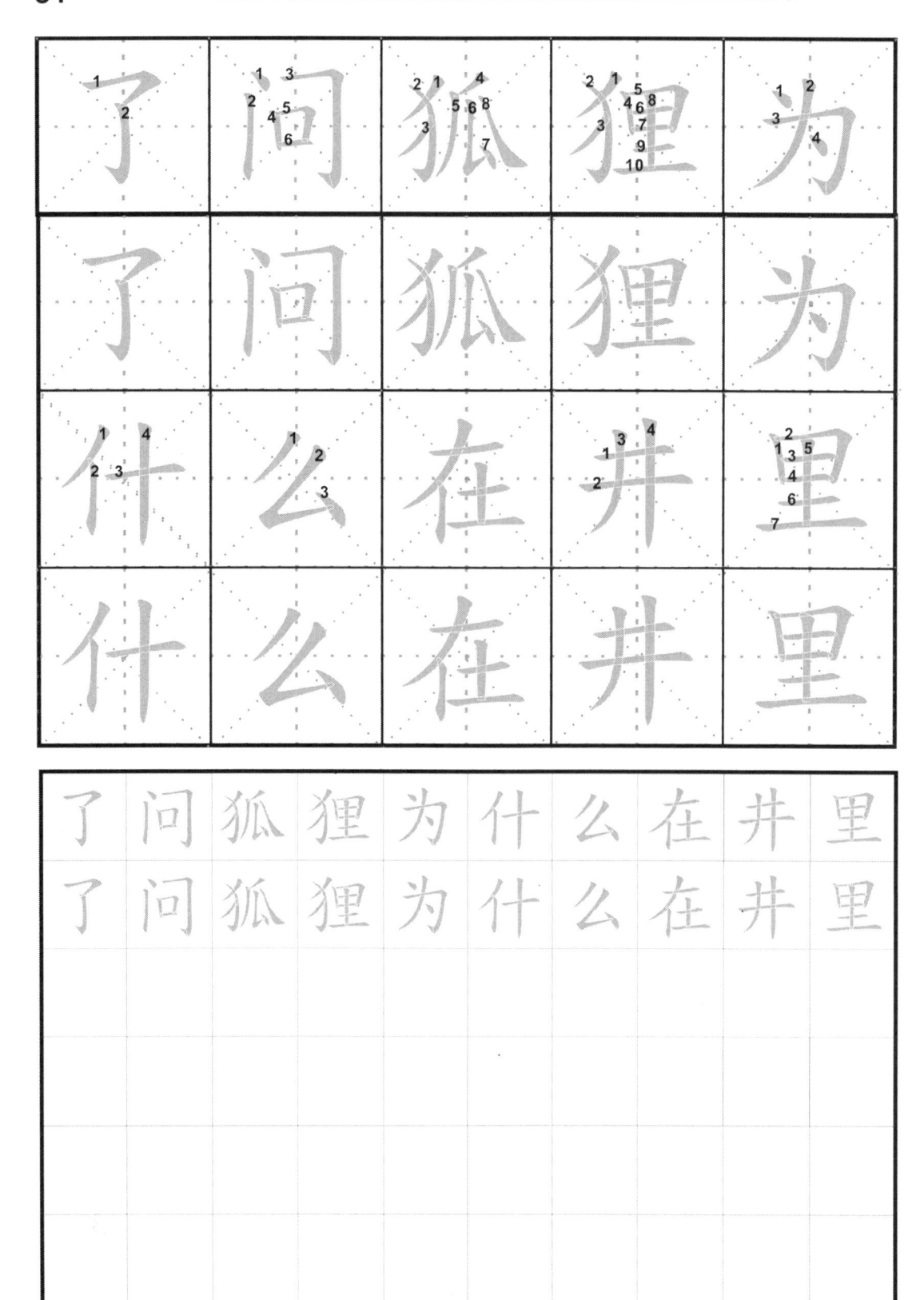

了	问	狐	狸	为
了	问	狐	狸	为
什	么	在	井	里
什	么	在	井	里

了	问	狐	狸	为	什	么	在	井	里
了	问	狐	狸	为	什	么	在	井	里

The Fox and The Goat 狐狸与山羊

狐	狸	说	哦	你
		说	哦	
	不	知	道	吗	这
		知	道	吗	这

狐	狸	说	哦	你	不	知	道	吗	这
狐	狸	说	哦	你		知	道	吗	这
狐	狸	说	哦			知	道	吗	这
			哦			知	道	吗	这

儿	快	发	生	大
儿		发	生	大
旱	灾	我	跳	进
旱	灾	我	跳	进

儿	快	发	生	大	旱	灾	我	跳	进
儿	快	发	生		旱	灾	我	跳	进
儿		发	生		旱	灾	我	跳	进
儿		发	生		旱	灾	我	跳	进

The Fox and The Goat 狐狸与山羊

井	里	看	看	你
井	里	看	看	你
为	什	么	不	下
为	什	么	不	下

井	里	看	看	你	为	什	么	不	下
井	里	看	看	你	为	什	么	不	下
井	里	看	看	你	为	什	么	不	下

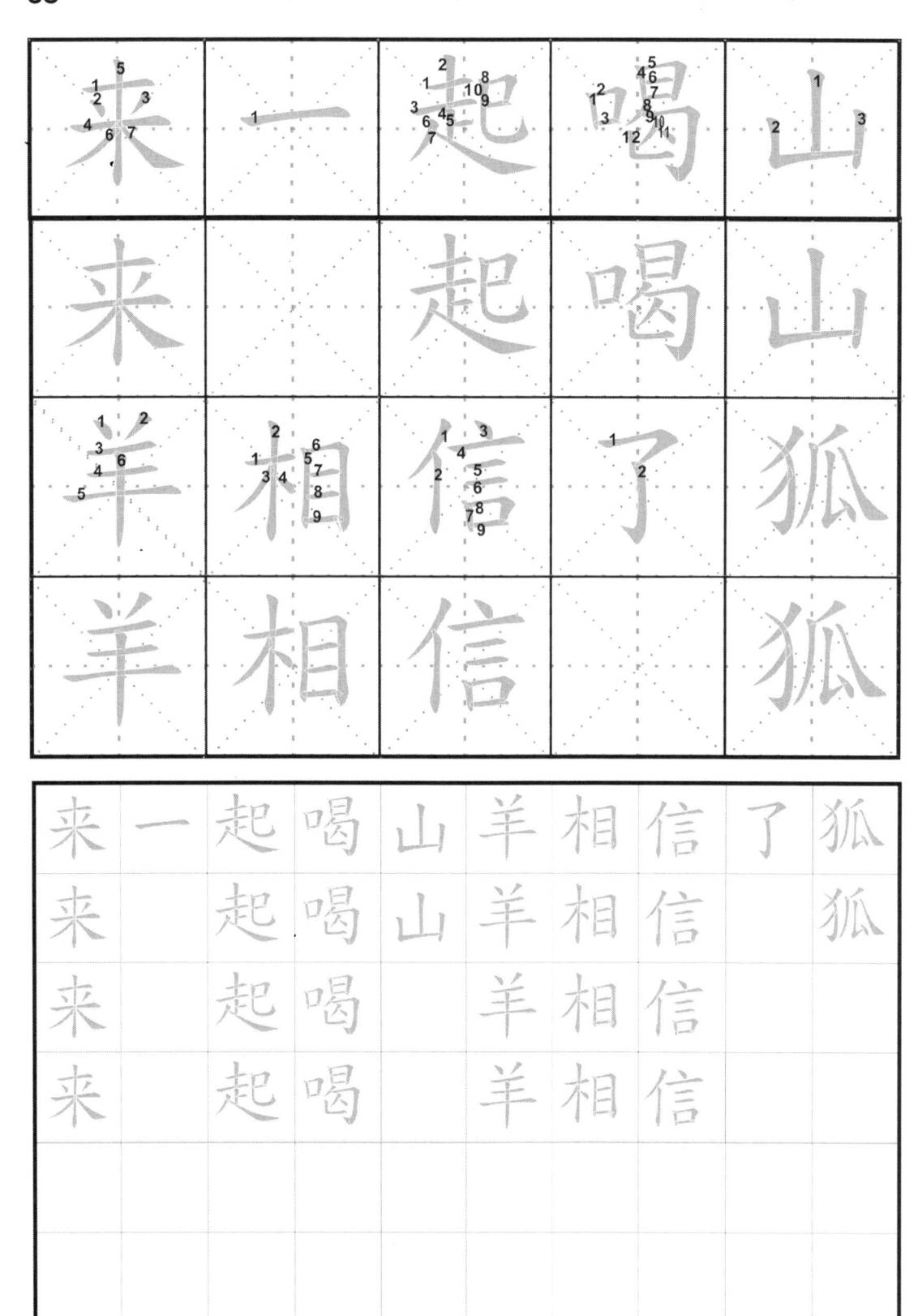

Learning Chinese The Easy Way Level 1 (Simplified Characters)

来	一	起	喝	山
来		起	喝	山
羊	相	信	了	狐
羊	相	信		狐

来	一	起	喝	山	羊	相	信	了	狐
来		起	喝	山	羊	相	信		狐
来		起	喝		羊	相	信		
来		起	喝		羊	相	信		

The Fox and The Goat 狐狸与山羊

狸	的	话	就	跳
狸		话		跳
进	井	里	狐	狸
进		里		

狸 的 话 就 跳 进 井 里 狐 狸
狸 的 话 就 跳 进   狐 狸

立	刻	跳	上	山
	刻	跳		
羊	的	背	又	一
		背		

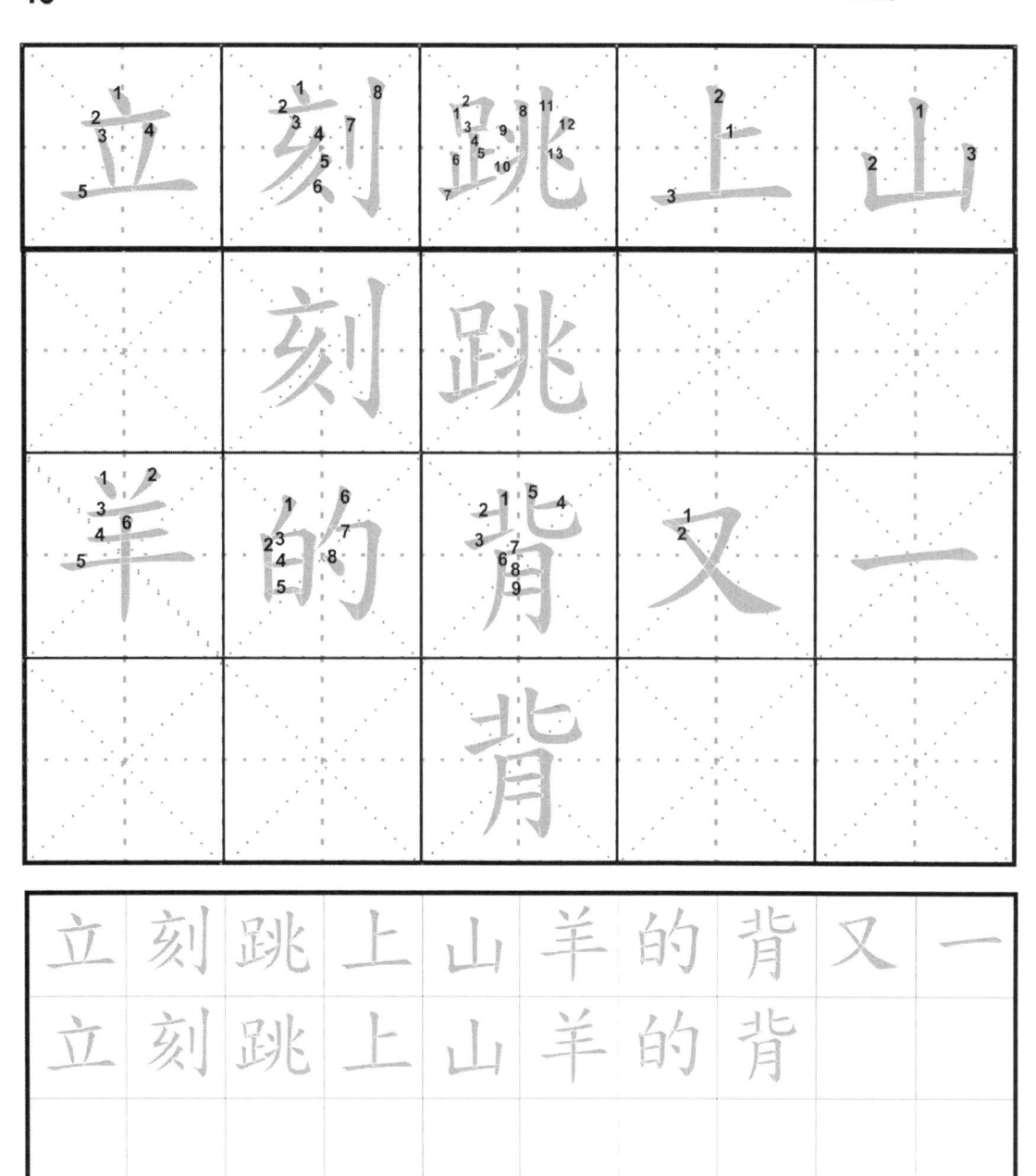

立	刻	跳	上	山	羊	的	背	又	一
立	刻	跳	上	山	羊	的	背		

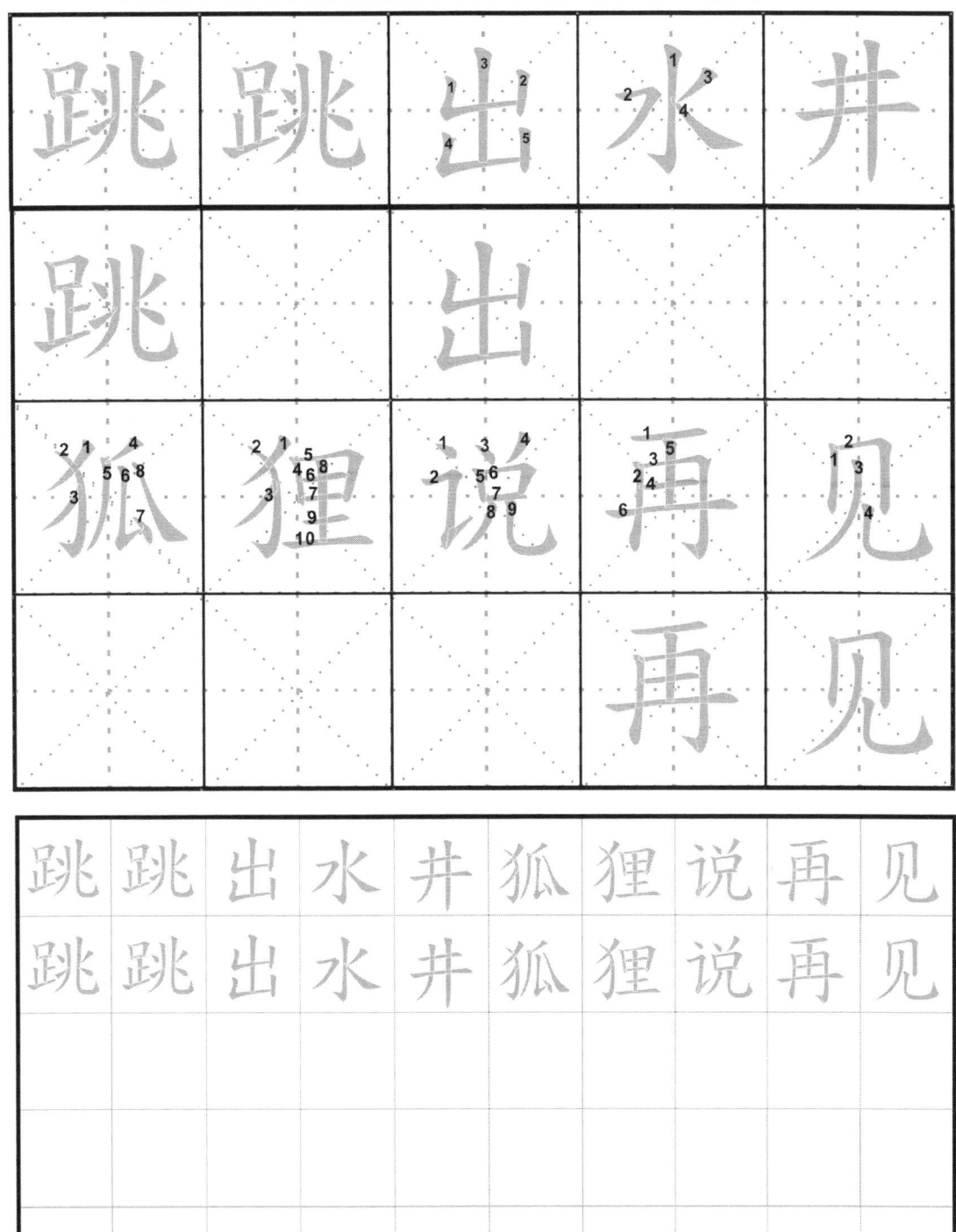

The Fox and The Goat 狐狸与山羊

跳	跳	出	水	井
跳		出		
狐	狸	说	再	见
			再	见

跳	跳	出	水	井	狐	狸	说	再	见
跳	跳	出	水	井	狐	狸	说	再	见

我	的	朋	友	记
我				记
住	不	要	相	信
住		要		

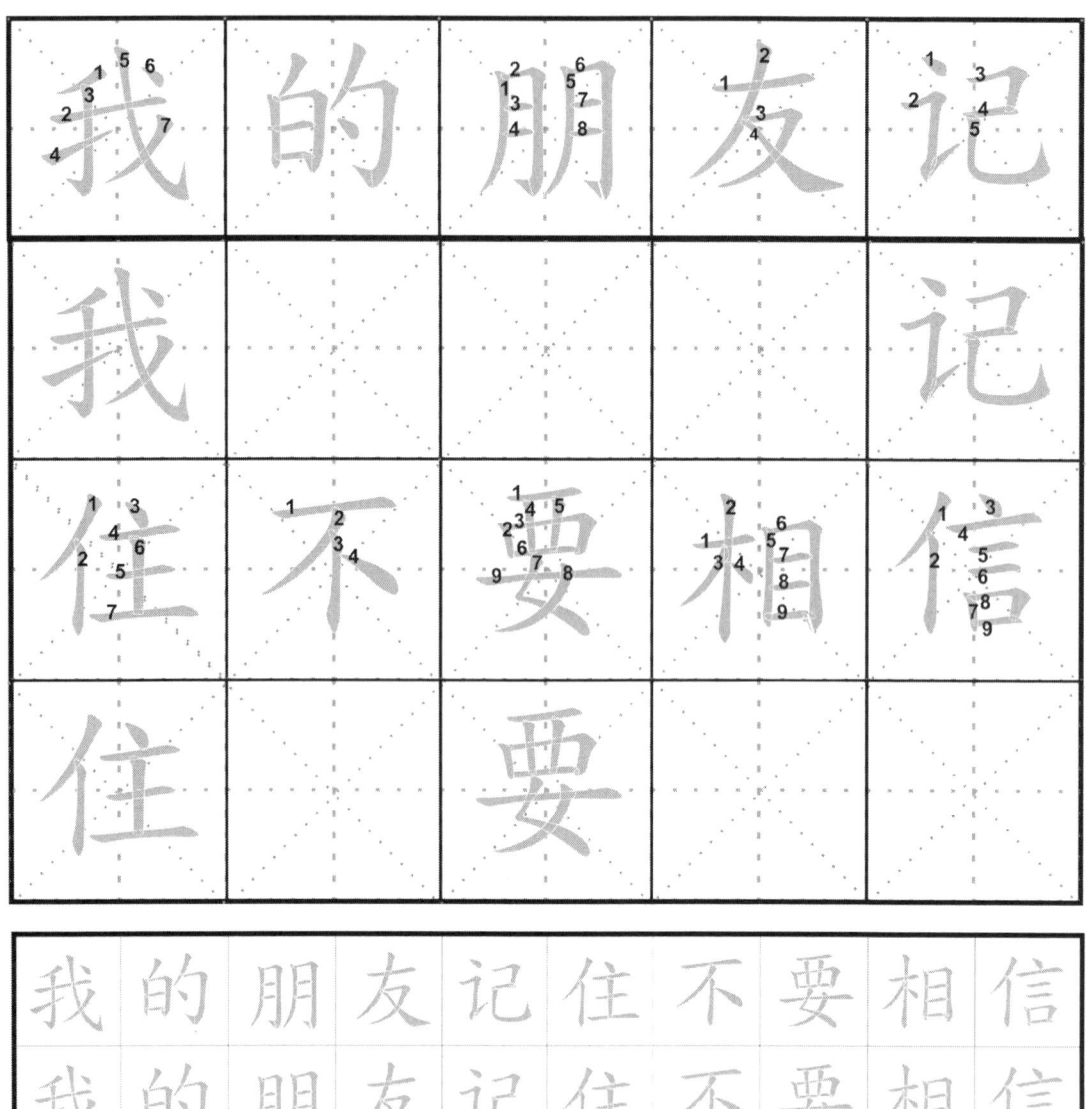

我 的 朋 友 记 住 不 要 相 信
我 的 朋 友 记 住 不 要 相 信

The Fox and The Goat 狐狸与山羊

一个身陷困境中的狐狸

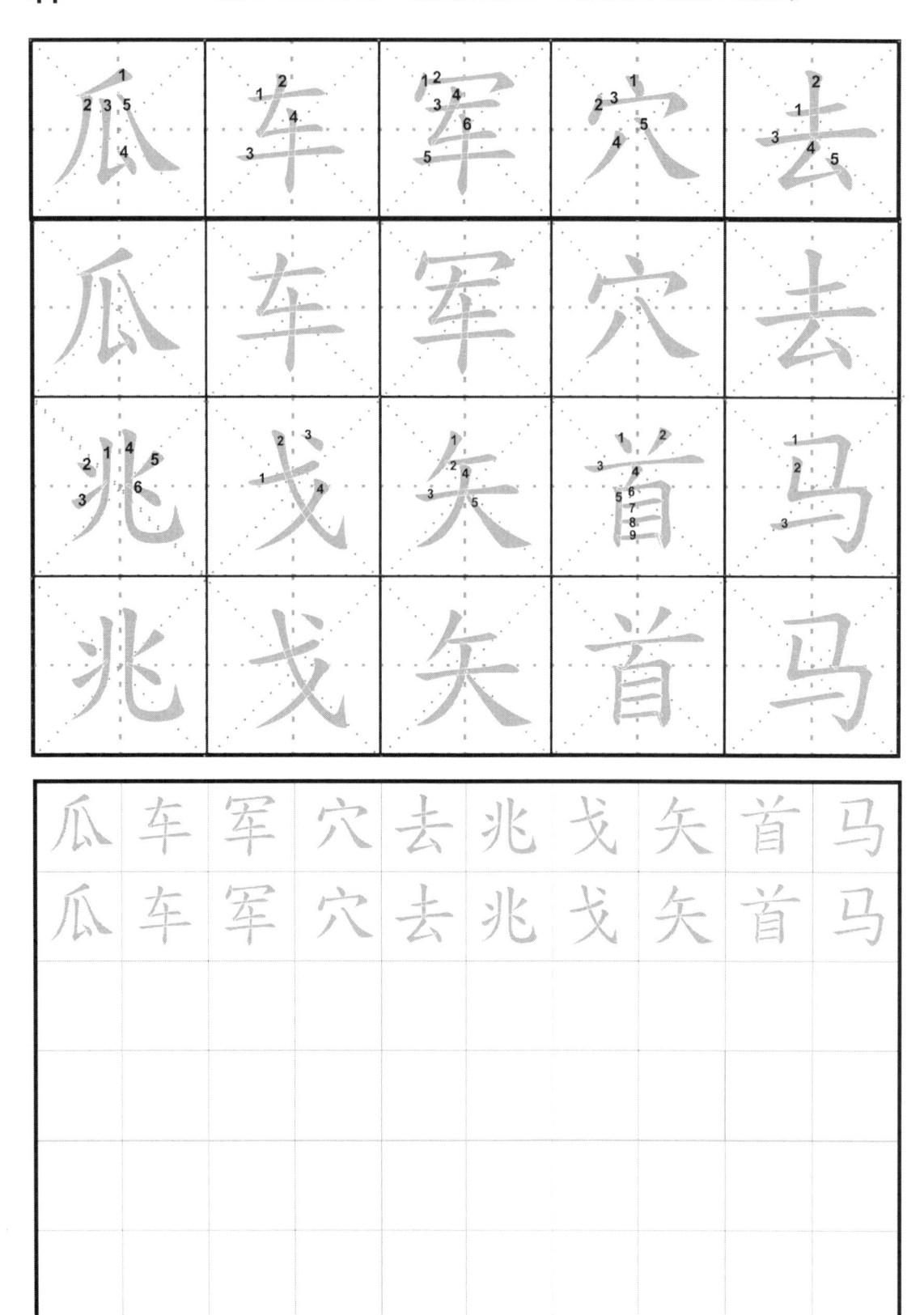

瓜	车	军	穴	去
瓜	车	军	穴	去
兆	戈	矢	首	马
兆	戈	矢	首	马

瓜	车	军	穴	去	兆	戈	矢	首	马
瓜	车	军	穴	去	兆	戈	矢	首	马

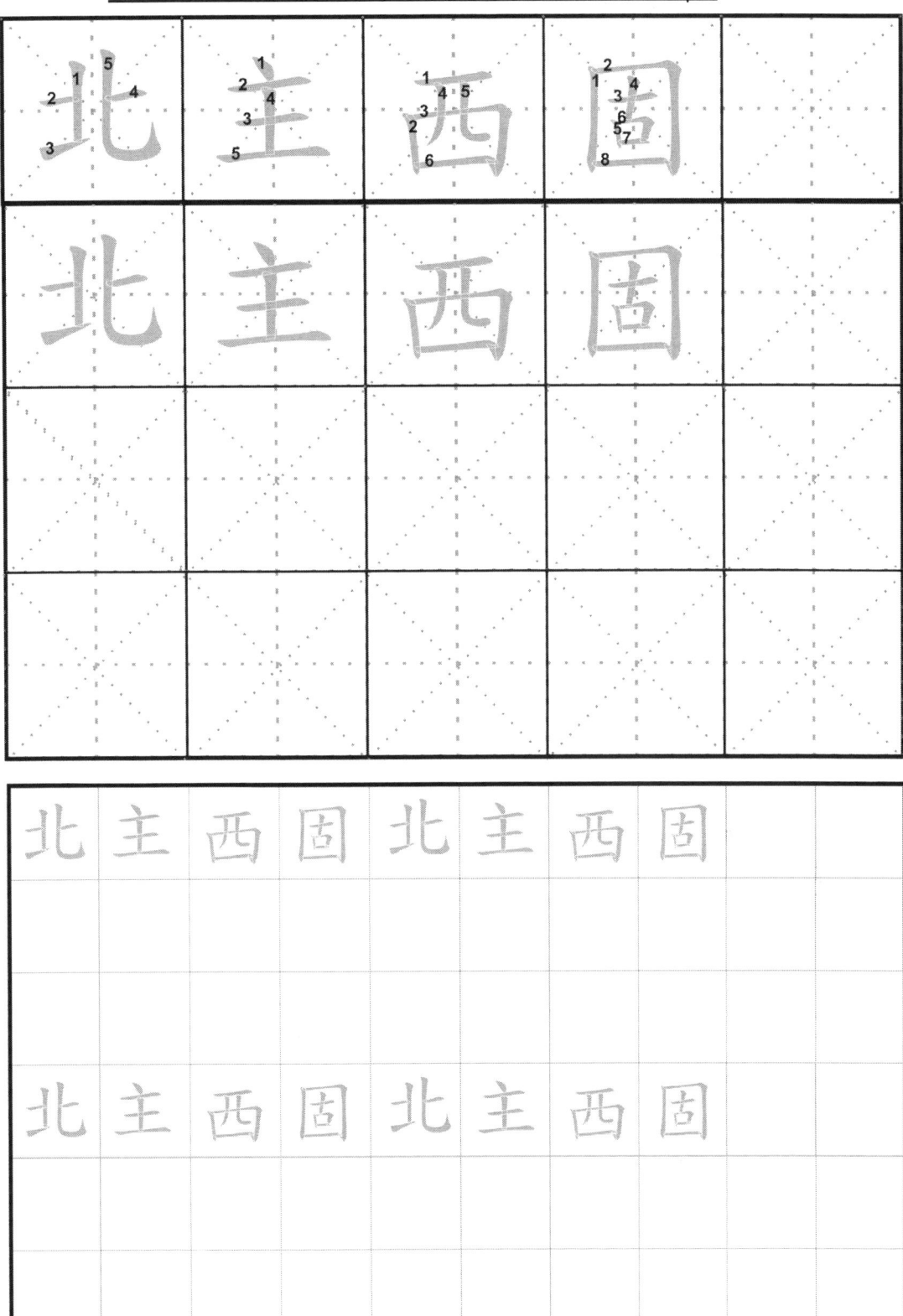

The Fox and The Goat 狐狸与山羊

北 主 西 固

北 主 西 固

北 主 西 固 北 主 西 固

北 主 西 固 北 主 西 固

你知道他正在说什么？

你知道他说了什么吗？

你知道他正在说什么？nǐ zhī dào tā zhèng zài shuō shí me？ Do you know what he is talking about? 你知道他说了什么吗？nǐ zhī dào tā shuō le shí me ma？ Do you know what he said?

二人与熊　　风与太阳　　狐狸与山羊

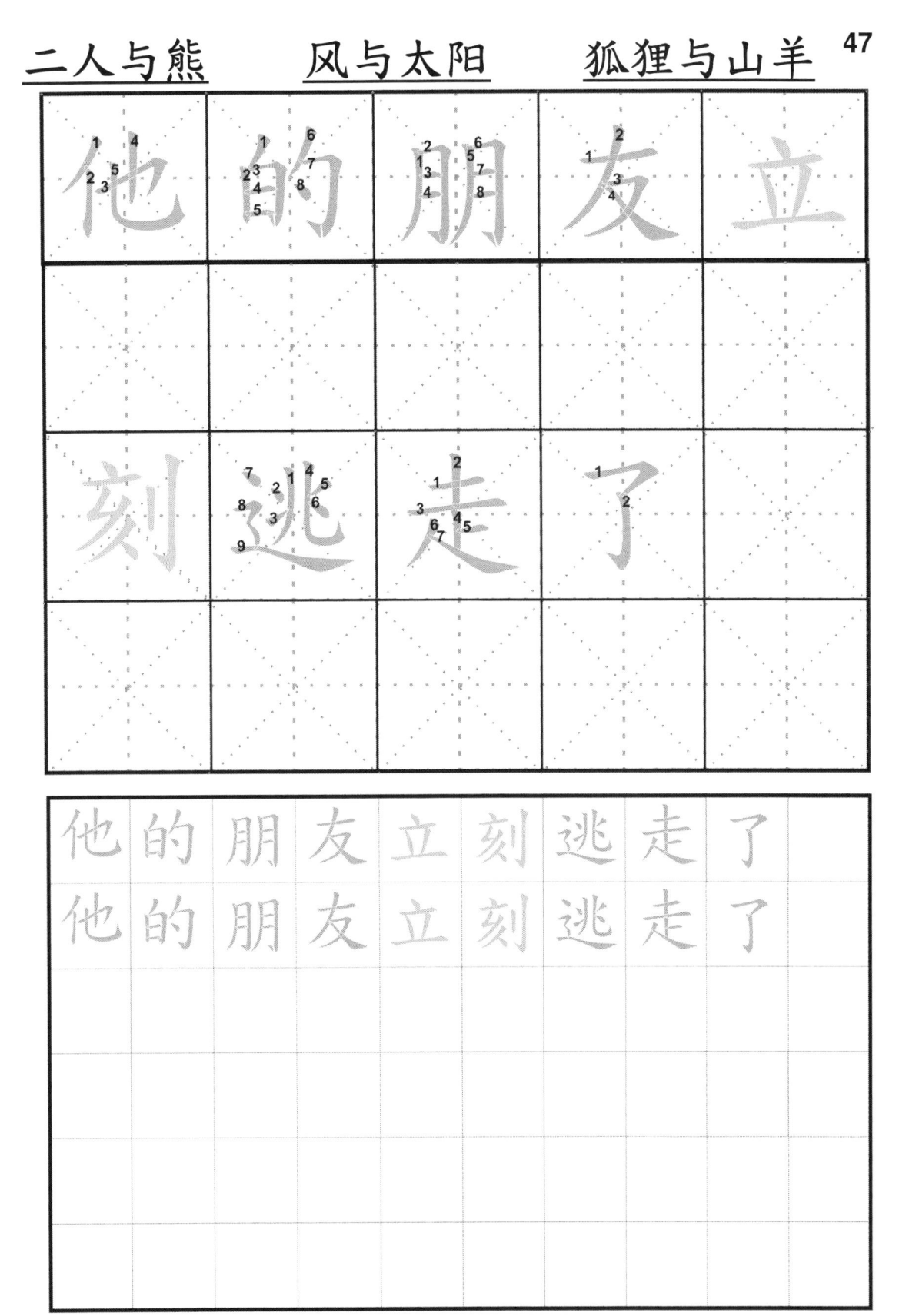

他 的 朋 友 立 刻 逃 走 了

他 的 朋 友 立 刻 逃 走 了
他 的 朋 友 立 刻 逃 走 了

他的朋友立刻逃走了。
tā de péng yǒu lì kè táo zǒu le
His friend run away immediately.

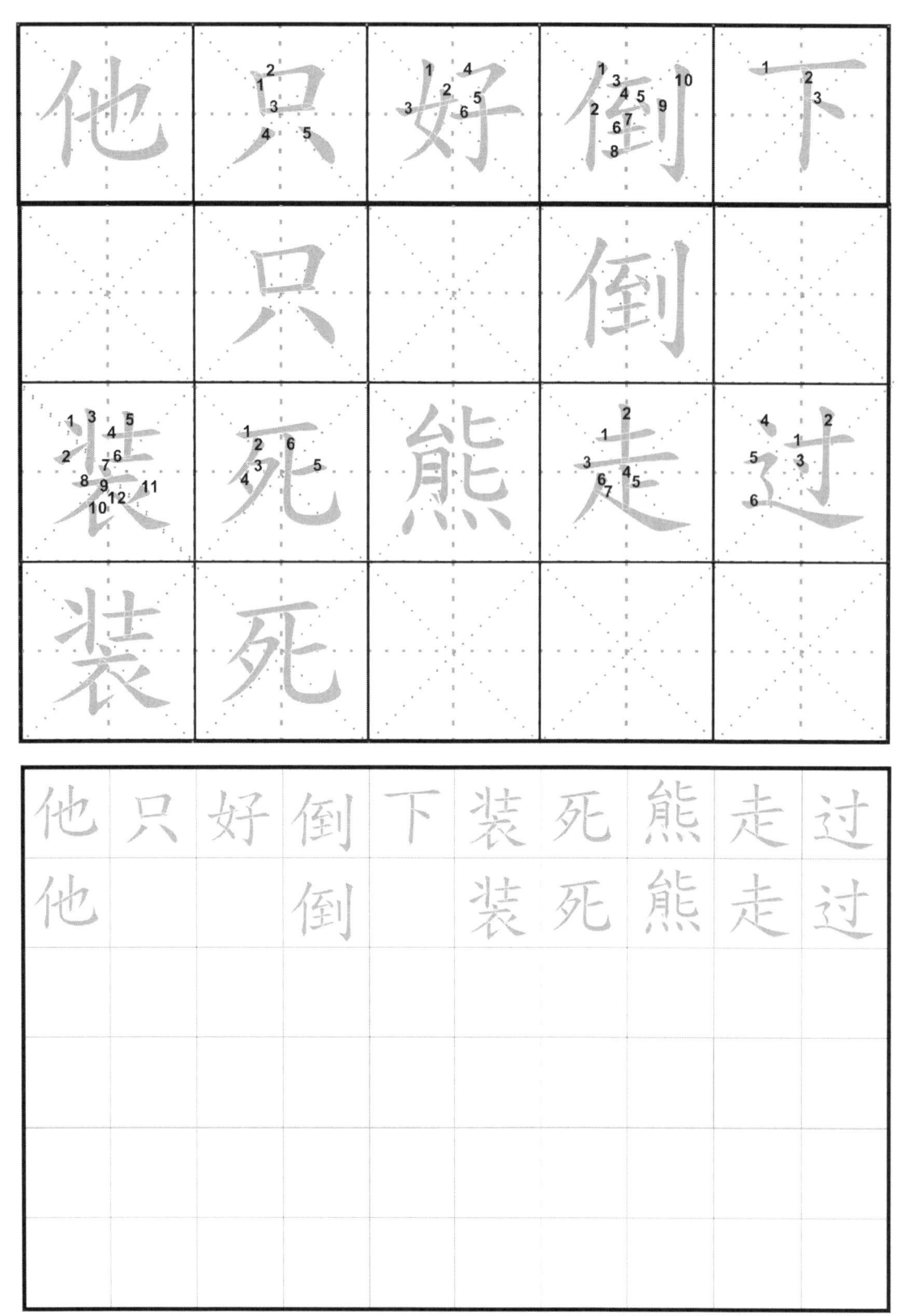

48 Learning Chinese The Easy Way Level 1 (Simplified Characters)

他	只	好	倒	下
	只		倒	
装	死	熊	走	过
装	死			

| 他 | 只 | 好 | 倒 | 下 | 装 | 死 | 熊 | 走 | 过 |
| 他 | | | 倒 | | 装 | 死 | 熊 | 走 | 过 |

他只好倒下装死，熊走过来闻了一闻，就走开了。
tā zhī hǎo dǎo xià zhuāng sǐ ， xióng zǒu guò lái wén le yī wén ， jiù zǒu kāi le 。
The only thing he could do was to fall over down upon the ground to play dead.

二人与熊　　风与太阳　　狐狸与山羊　49

来 闻 了 一 闻

就 走 开 了 他

开

来闻了一闻就走开了他
来闻了　闻就走　了

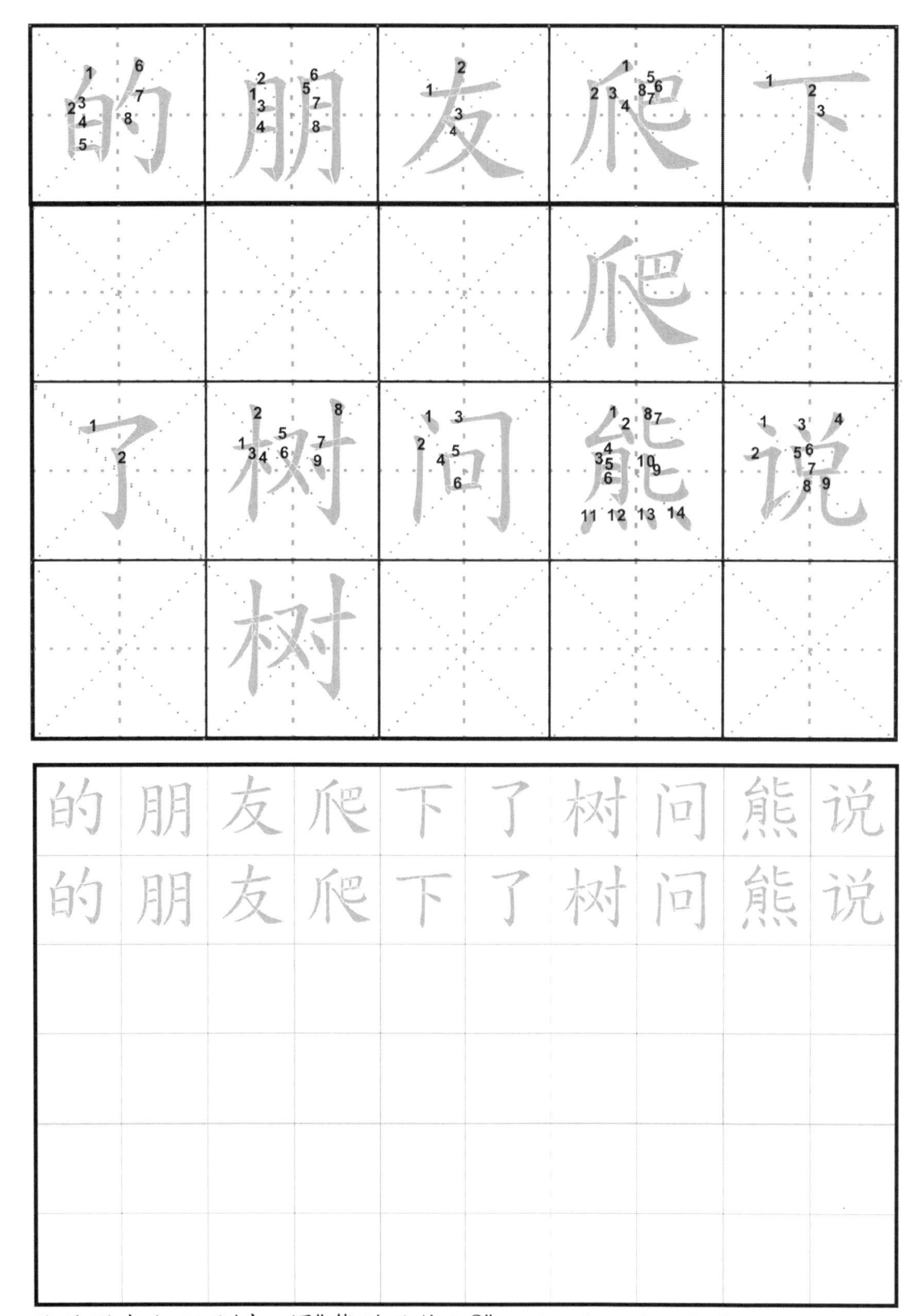

50 Learning Chinese The Easy Way Level 1 (Simplified Characters)

的	朋	友	爬	下
			爬	
了	树	问	熊	说
	树			

| 的 | 朋 | 友 | 爬 | 下 | 了 | 树 | 问 | 熊 | 说 |
| 的 | 朋 | 友 | 爬 | 下 | 了 | 树 | 问 | 熊 | 说 |

他的朋友爬下了树，问"熊说了什么?" tā de péng yǒu pá xià le shù ，wèn "xióng shuō le shí me ?" His friend climbed down the tree. Asked: What did the Bear say?

二人与熊　　风与太阳　　狐狸与山羊　51

了	什	么	吗	答
			吗	
熊	说	你	是	个
		你		

了	什	么	吗	答	熊	说	你	是	个
	什	么	吗	答	熊	说	你	是	

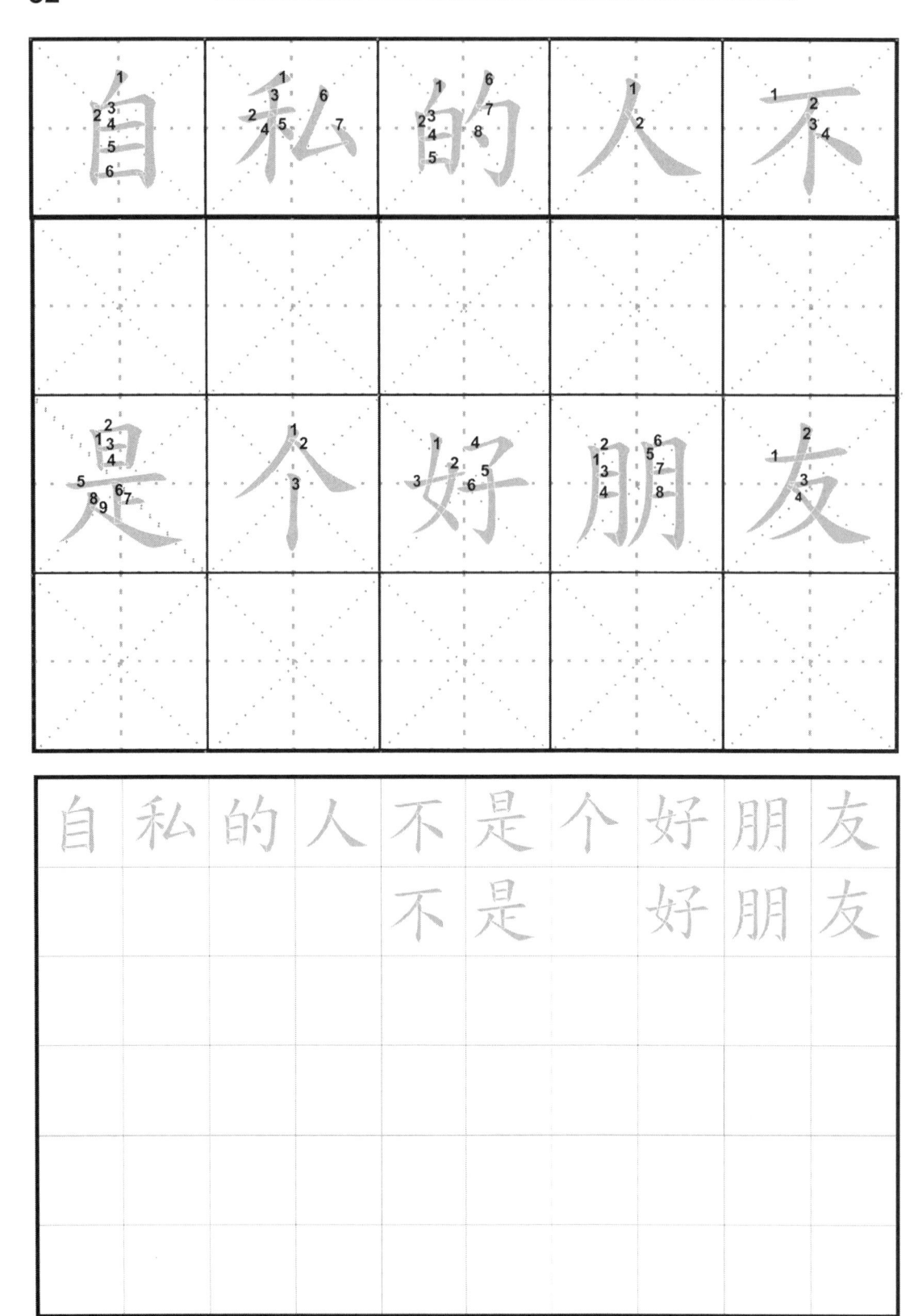

自	私	的	人	不
是	个	好	朋	友

自	私	的	人	不	是	个	好	朋	友
				不	是		好	朋	友

答"熊说:你是个自私的人，不是好朋友。"

dá "xióng shuō :nǐ shì gè zì sī de rén，bú shì hǎo péng yǒu 。"

Answer: The Bear said: You are a selfish person. You are not a good friend.

<u>二人与熊</u>　　<u>风与太阳</u>　　<u>狐狸与山羊</u>

你们用的是

竹筷子吗？

竹筷

你们用的是竹筷子吗？
你们用的是竹筷子吗？

你们用的是竹筷子吗？
nǐ men yòng de shì zhú kuài zǐ ma？ For what you are using, are they bamboo chopsticks?

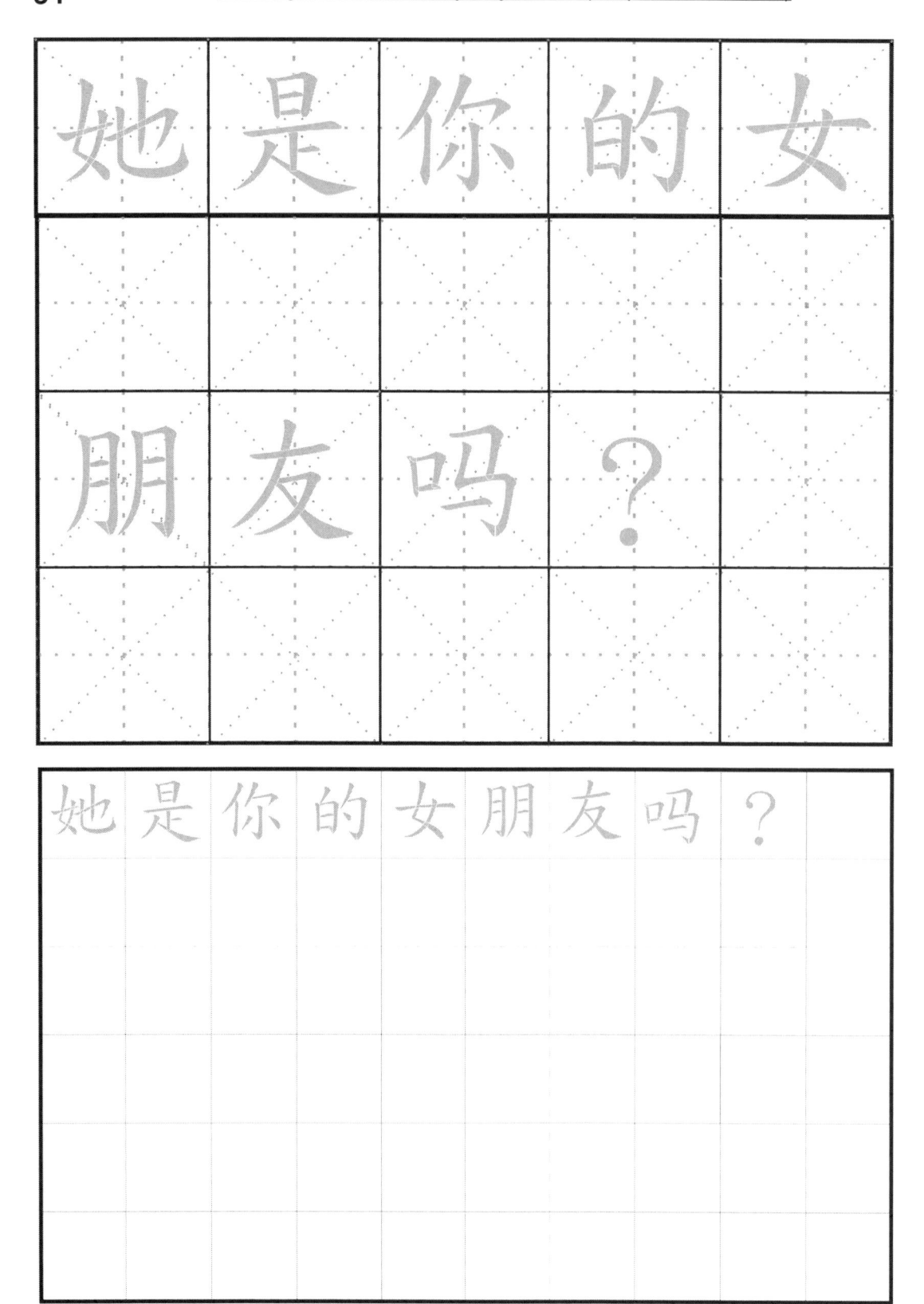

她是你的女朋友吗？

她是你的女朋友吗？
tā shì nǐ de nǚ péng yǒu ma?
Is her your girl friend?

二人与熊　　风与太阳　　狐狸与山羊

你们是很好的朋友吗？
nǐ men shì hěn hǎo de péng yǒu ma ？
Are you very good friends?

你知道这有什么用吗?
nǐ zhī dào zhè yǒu shí me yòng ma ? Do you know what this for?

二人与熊　　风与太阳　　狐狸与山羊

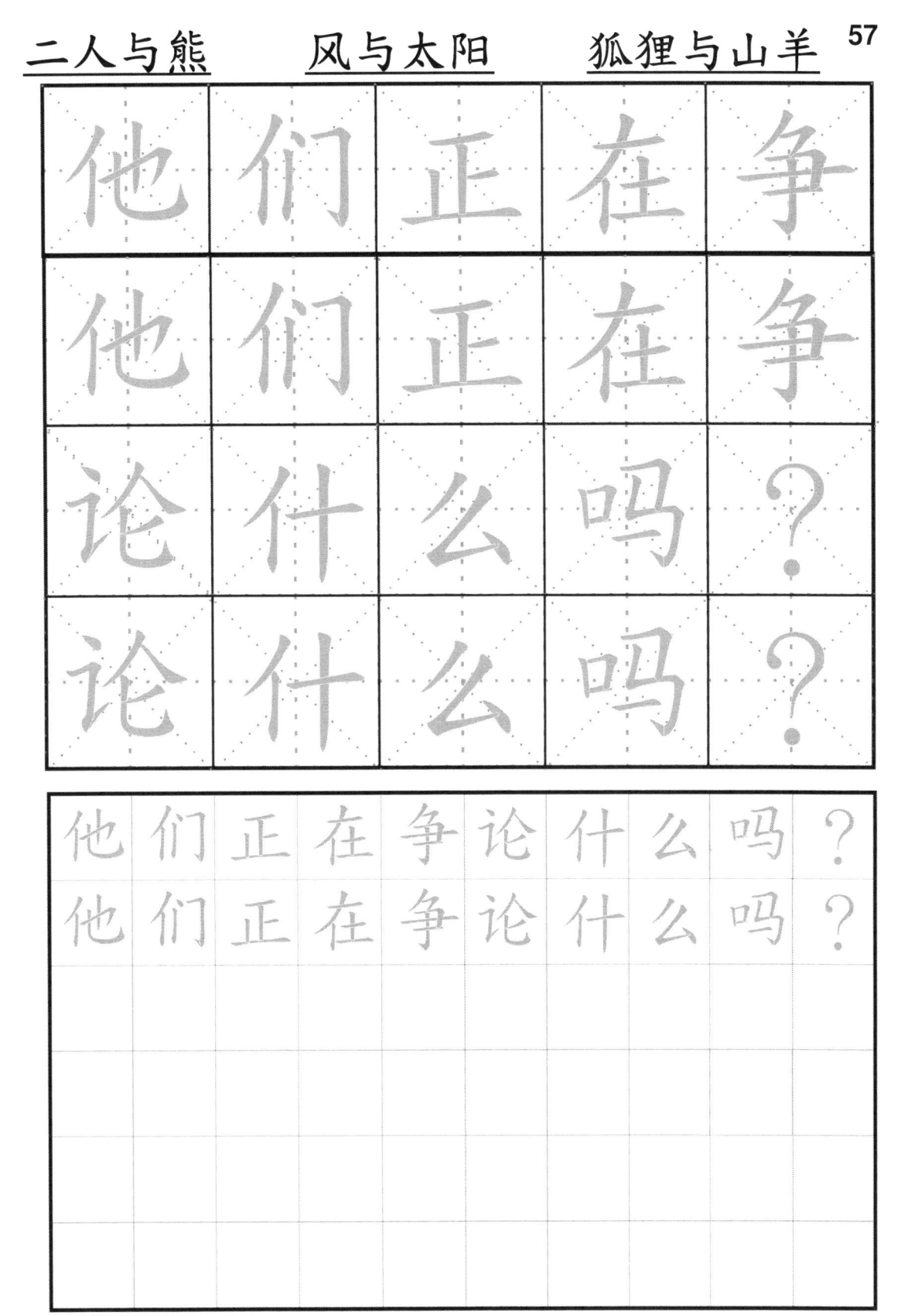

他们正在争论什么吗？
tā men zhèng zài zhēng lùn shí me ma？
What are they arguing about?

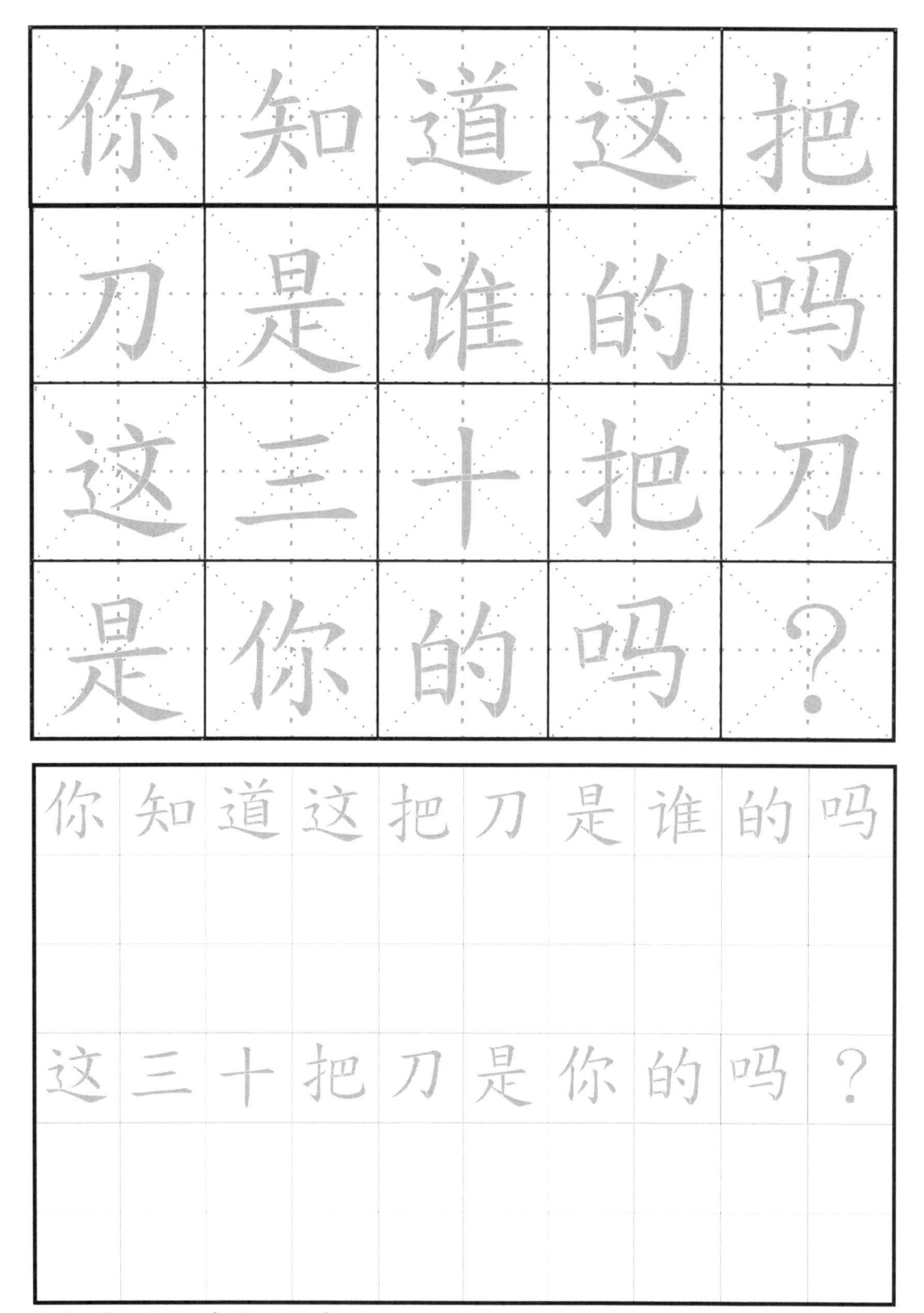

你知道这把刀是谁的吗？ nǐ zhī dào zhè bǎ dāo shì shuí de ma？ Do you know whose knife this is?

这三十把刀是你的吗？ zhè sān shí bǎ dāo shì nǐ de ma？ Are these 30 knives yours?

二人与熊　　风与太阳　　狐狸与山羊

他自己说他是温大使

他自己说他是温大使

他自己说他是温大使。

他自己说他是温大使。
tā zì jǐ shuō tā shì wēn dà shǐ
He himself said that he is ambassador Wen.

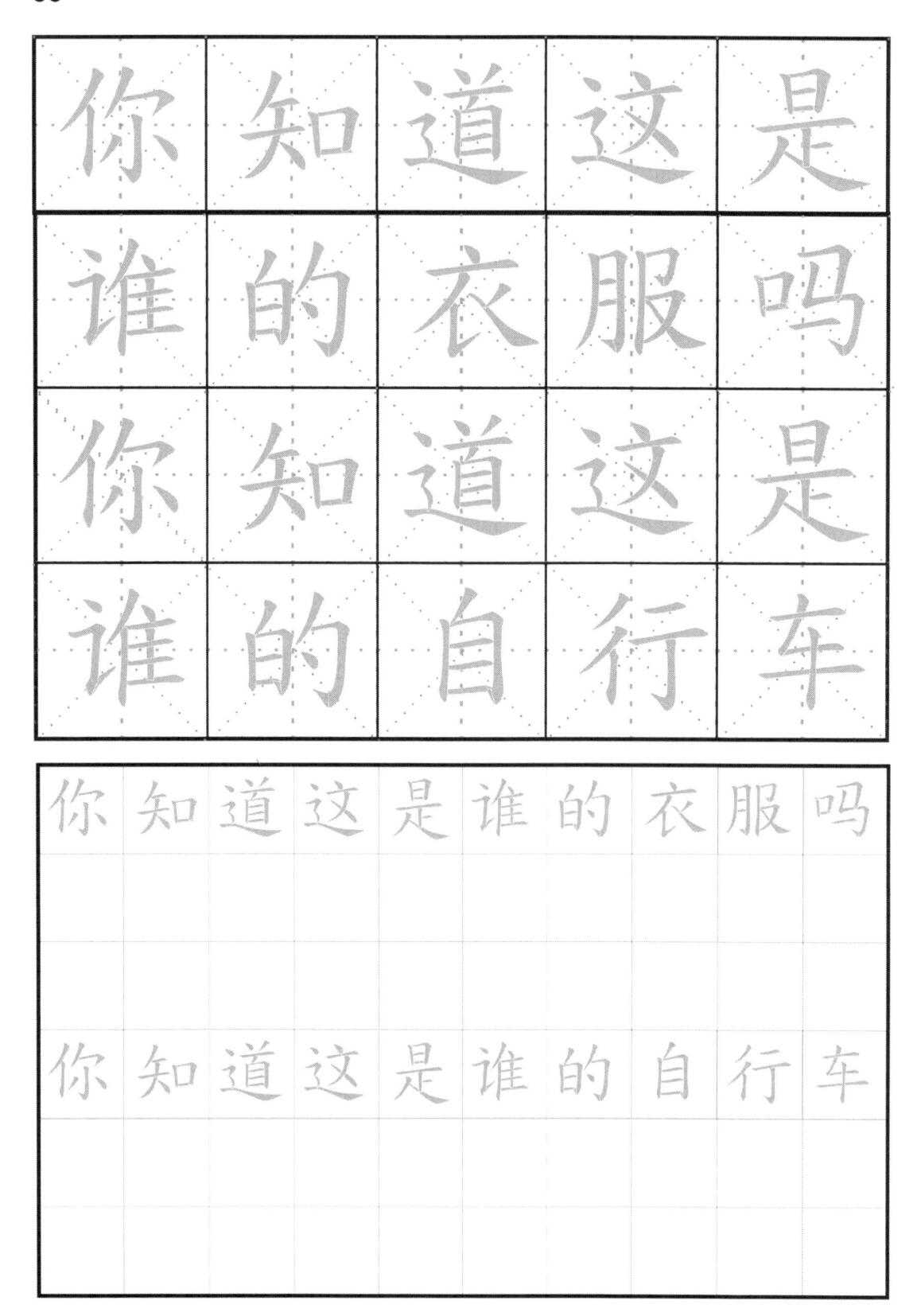

你	知	道	这	是
谁	的	衣	服	吗
你	知	道	这	是
谁	的	自	行	车

你知道这是谁的衣服吗？nǐ zhī dào zhè shì shuí de yī fú ma？ Do you know whose clothes it is? 你知道这是谁的自行车？nǐ zhī dào zhè shì shuí de zì háng chē？ Do you know whose bicycle it is?

二人与熊　　　风与太阳　　　狐狸与山羊　　61

这	是	你	的	自
行	车	吗	？	
我	能	用	你	的
自	行	车	吗	？

这是你的自行车吗？

我能用你的自行车吗？

这是你的自行车吗？ zhè shì nǐ de zì háng chē ma？ Is this your bicycle?
我能用你的自行车吗？ wǒ néng yòng nǐ de zì háng chē ma？ May I use your bicycle?

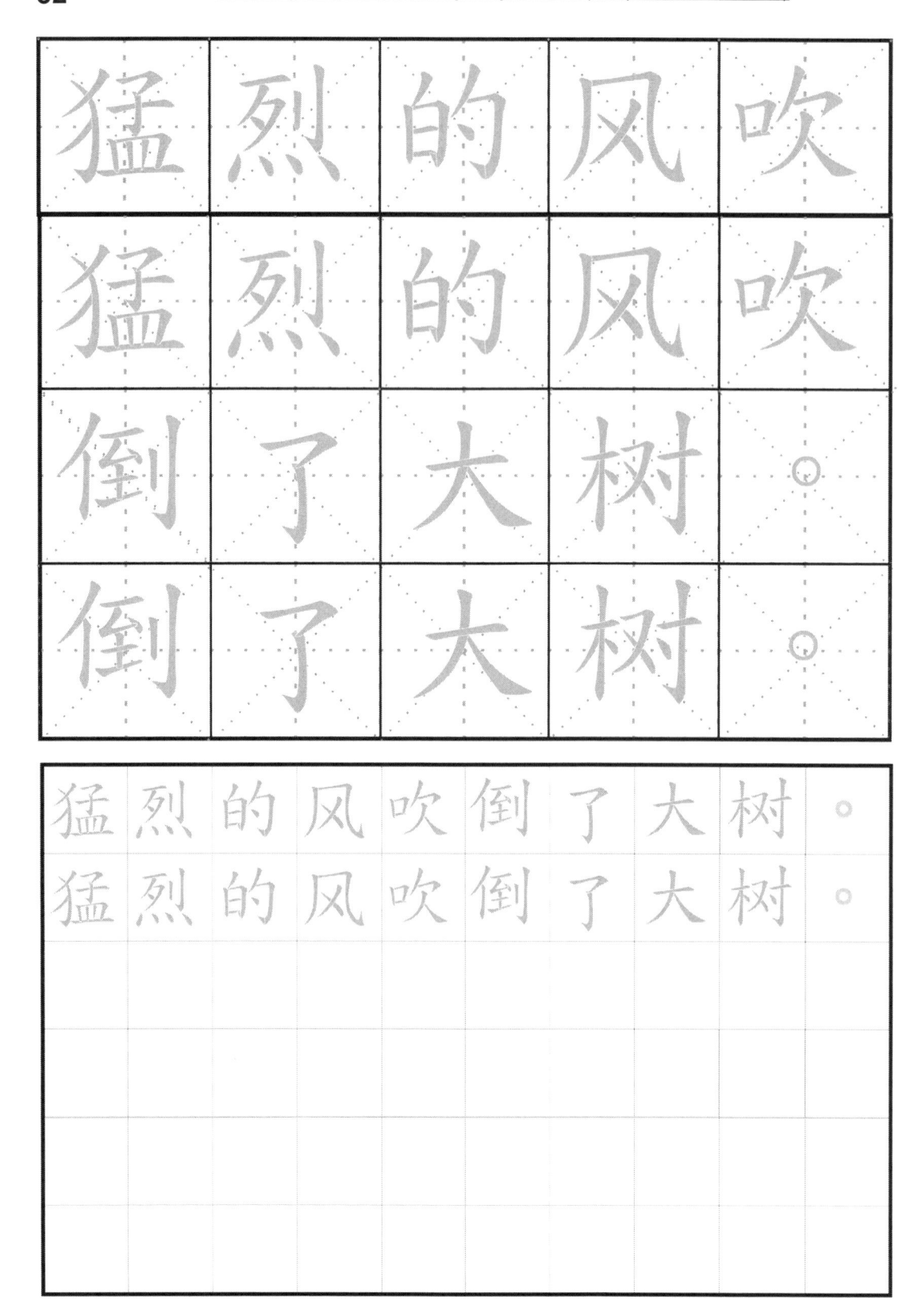

猛烈的风吹倒了大树。
měng liè de fēng chuī dǎo le dà shù
Fierce winds knocked down huge trees.

二人与熊　　风与太阳　　狐狸与山羊

有	个	人	藏	在
大	门	后	面	。
有	个	人	藏	在
大	门	后	面	。

有一个人藏在大门后面。

有一个人藏在大门后面。

有一个人藏在大门后面。
yǒu yī gè rén cáng zài dà mén hòu miàn。
There is a person hiding behind the main gate.

有个人藏在大门后面。
yǒu gè rén cáng zài dà mén hòu miàn。

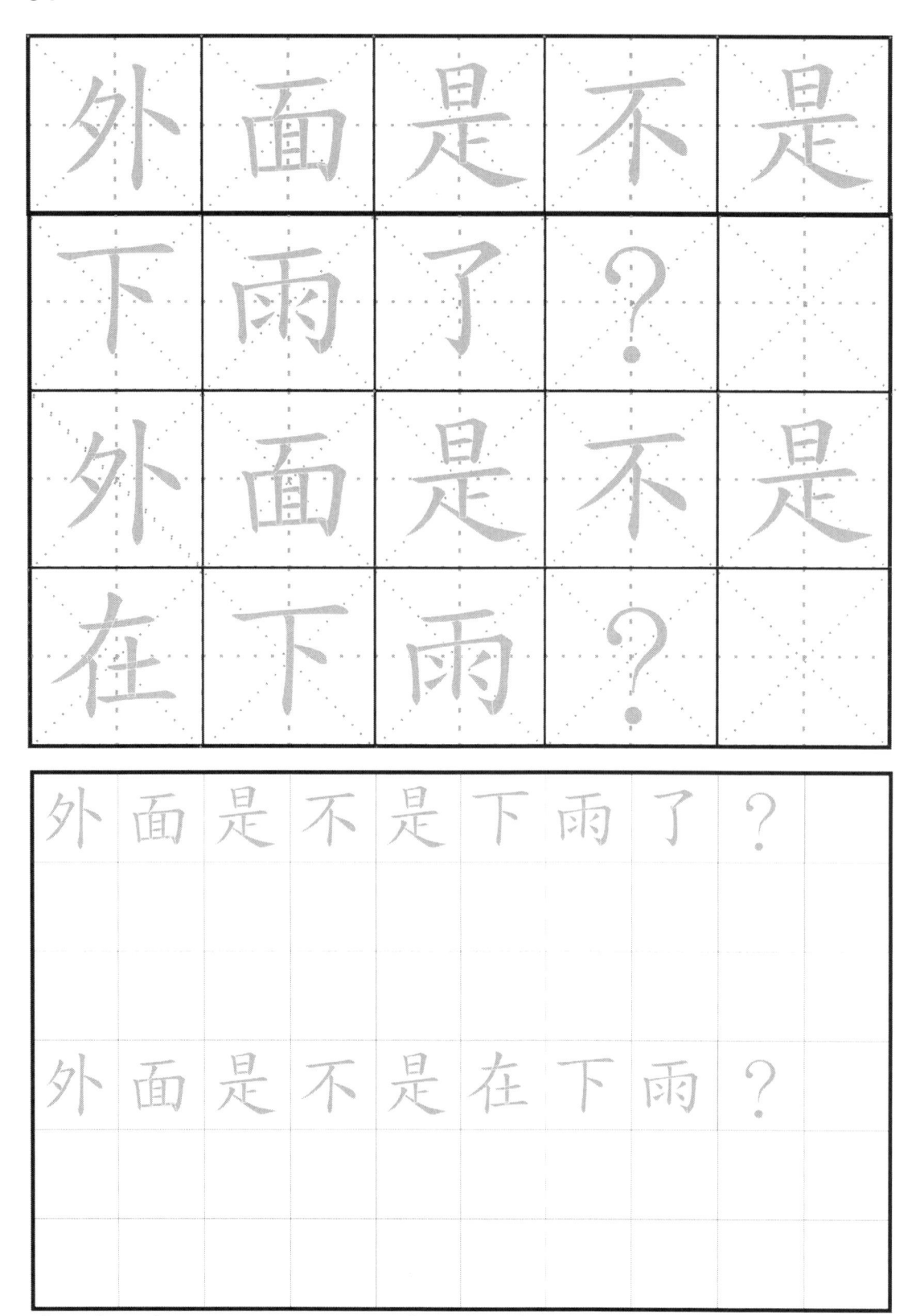

外	面	是	不	是
下	雨	了	?	
外	面	是	不	是
在	下	雨	?	

外面是不是下雨了?
wài miàn shì bú shì xià yǔ le ?
Has it rained outside?

外面是不是在下雨?
wài miàn shì bú shì zài xià yǔ ?
Is it raining outside?

二人与熊　　　风与太阳　　　狐狸与山羊　65

小	鸟	抓	到	了
一	只	黑	虫	。
小	鸟	抓	到	了
一	只	小	虫	。

小鸟抓到了一只黑虫。

小鸟抓到了一只小虫。

小鸟抓到了一只黑虫。
xiǎo niǎo zhuā dào le yī zhī hēi chóng。
The small bird caught a black bug.

小鸟抓到了一只小虫。
xiǎo niǎo zhuā dào le yī zhī xiǎo chóng
The small bird caught a little bug.

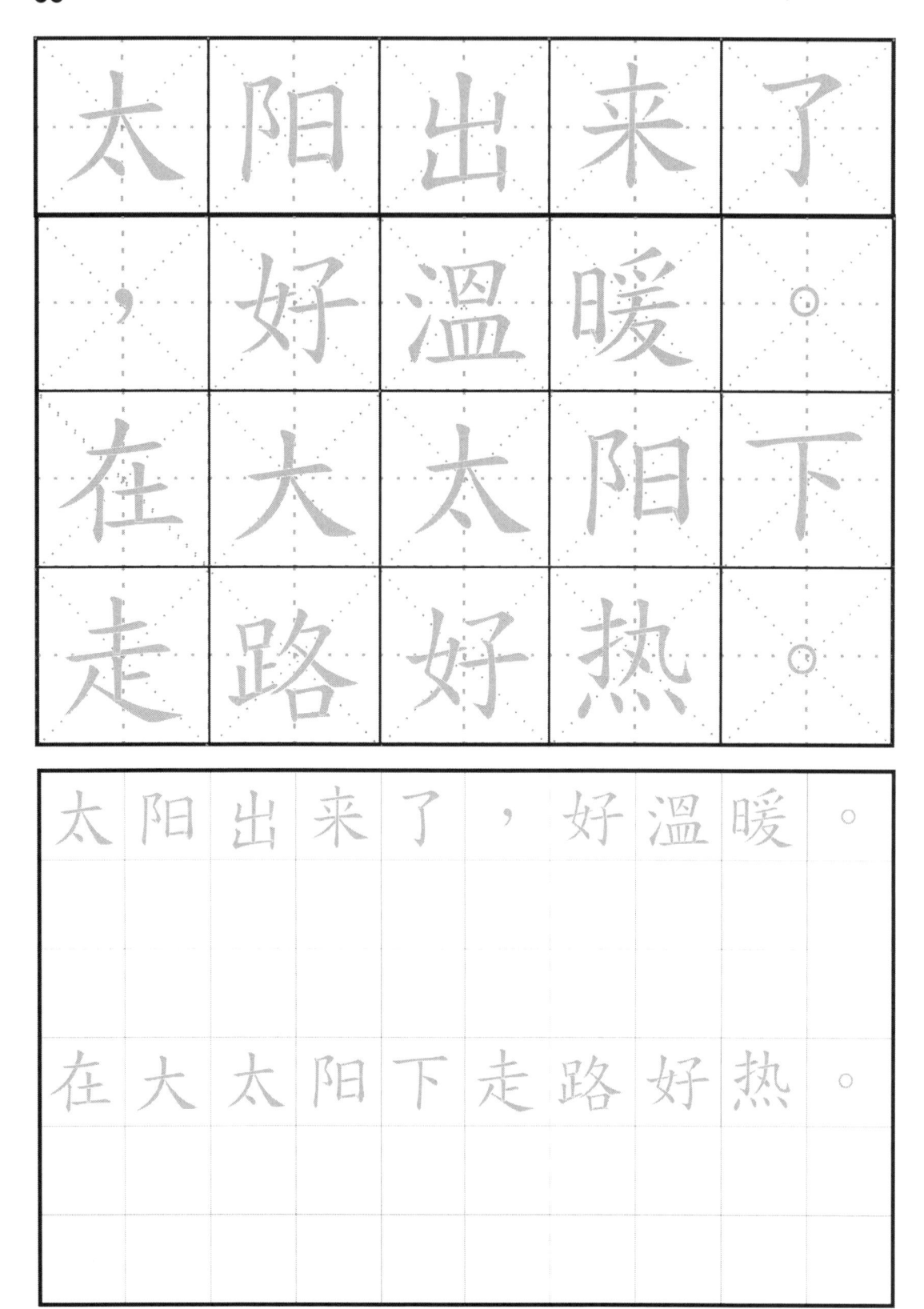

太阳出来了,好温暖。
在大太阳下走路好热。

太阳出来了,好温暖。

在大太阳下走路好热。

太阳出来了,好温暖。
zài dà tài yáng xià zǒu lù hǎo rè
It's so warm, because the sun is out.

在大太阳下走路,好热!
zài dà tài yáng xià zǒu lù hǎo rè
Walking under the strong sun, it's very hot.

二人与熊　　风与太阳　　狐狸与山羊

我 去 山 上 是 为 了 看 日 出

我去山上是为了看日出

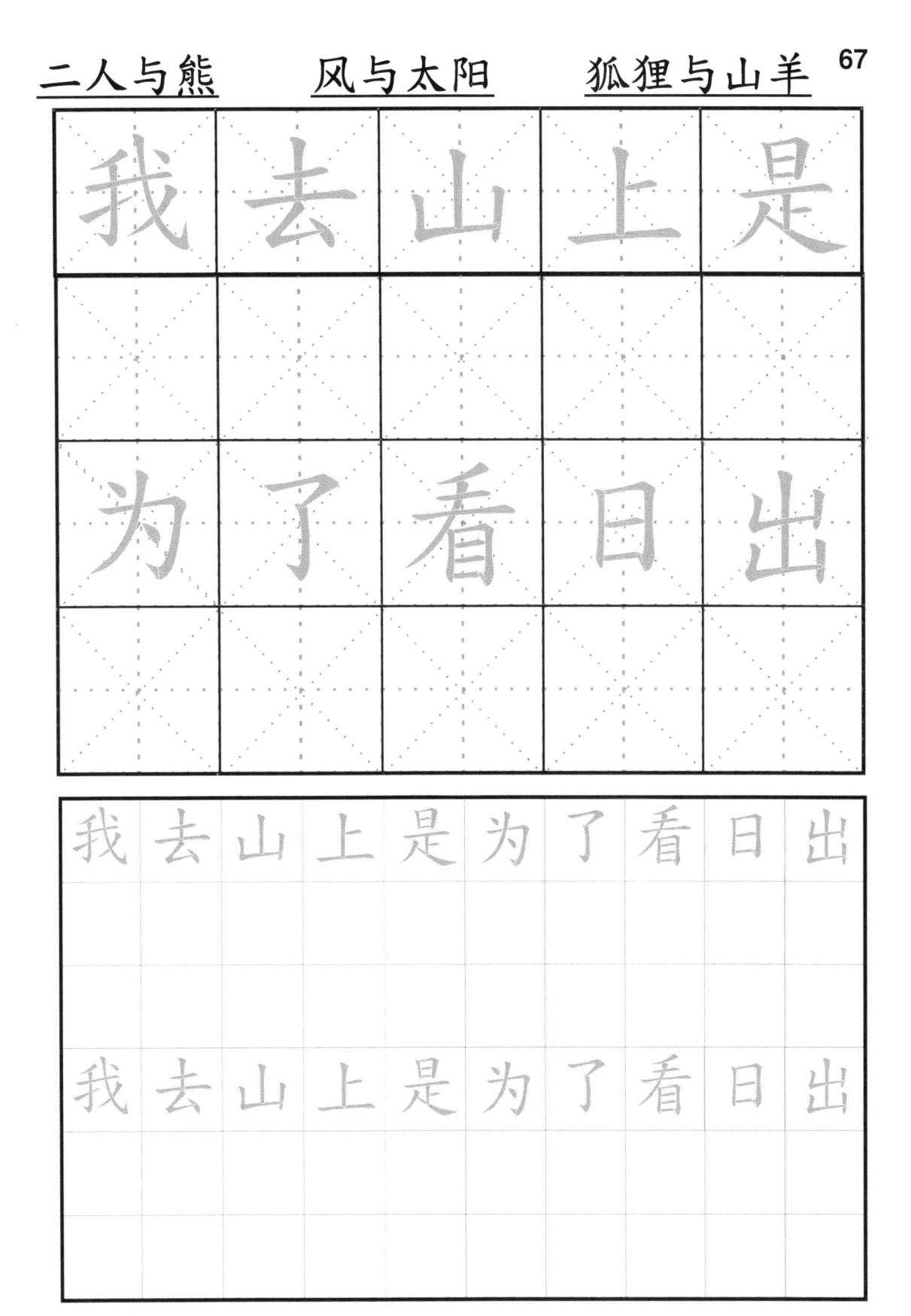

我去山上是为了看日出

我去山上是为了看日出。
wǒ qù shān shàng shì wéi le kàn rì chū。
I went the mountain to appreciate the sun rise.

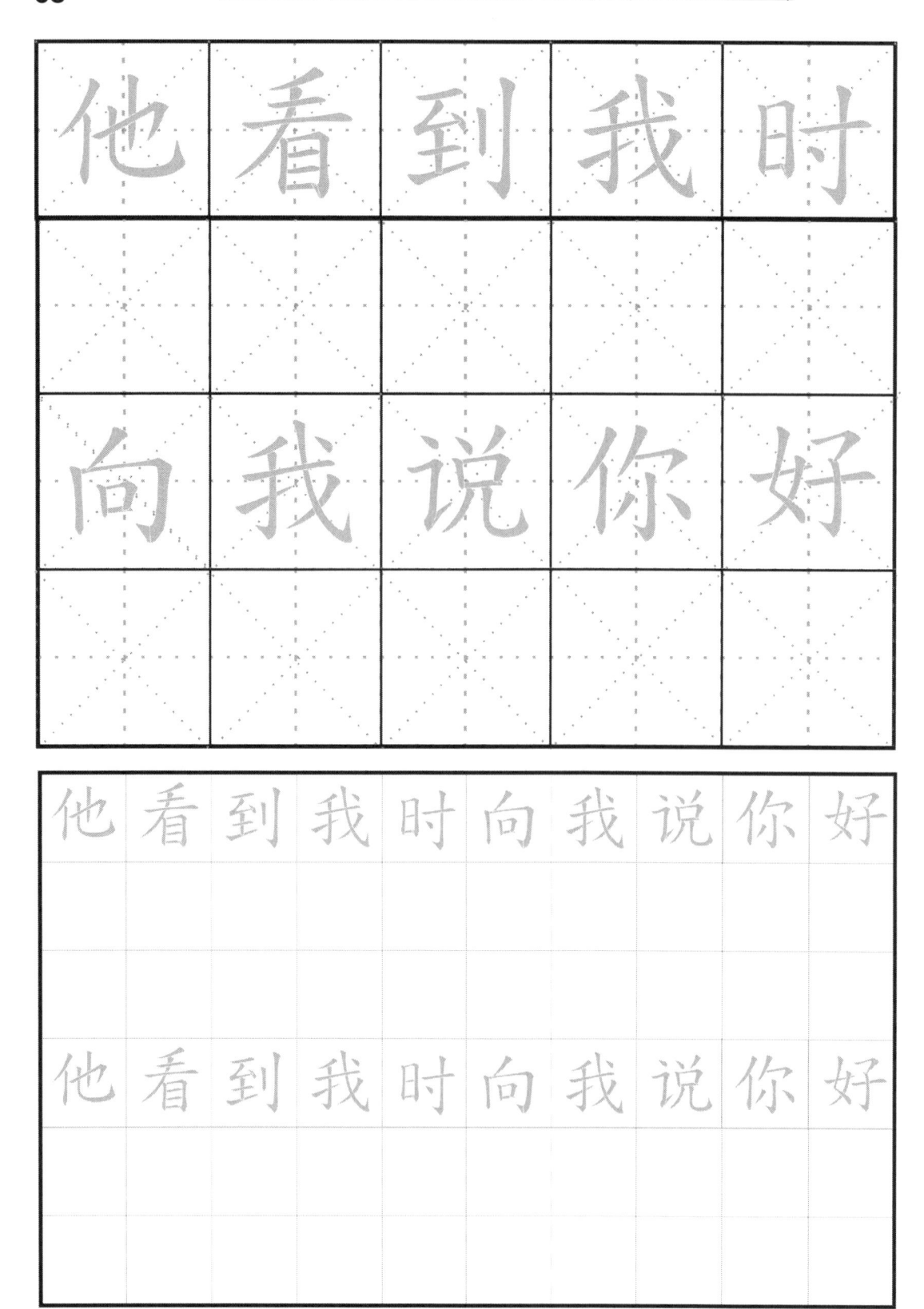

他看到我时向我说你好

他看到我时,向我说:"你好!"
tā kàn dào wǒ shí ,xiàng wǒ shuō :"nǐ hǎo !"
When he saw me, he said to me, "How are you?"

二人与熊　　风与太阳　　狐狸与山羊

这只黑熊的力量很大。

这只黑熊的力量很大。

这只黑熊的力量很大。
zhè zhī hēi xióng de lì liàng hěn dà
The black bear is very powerful.

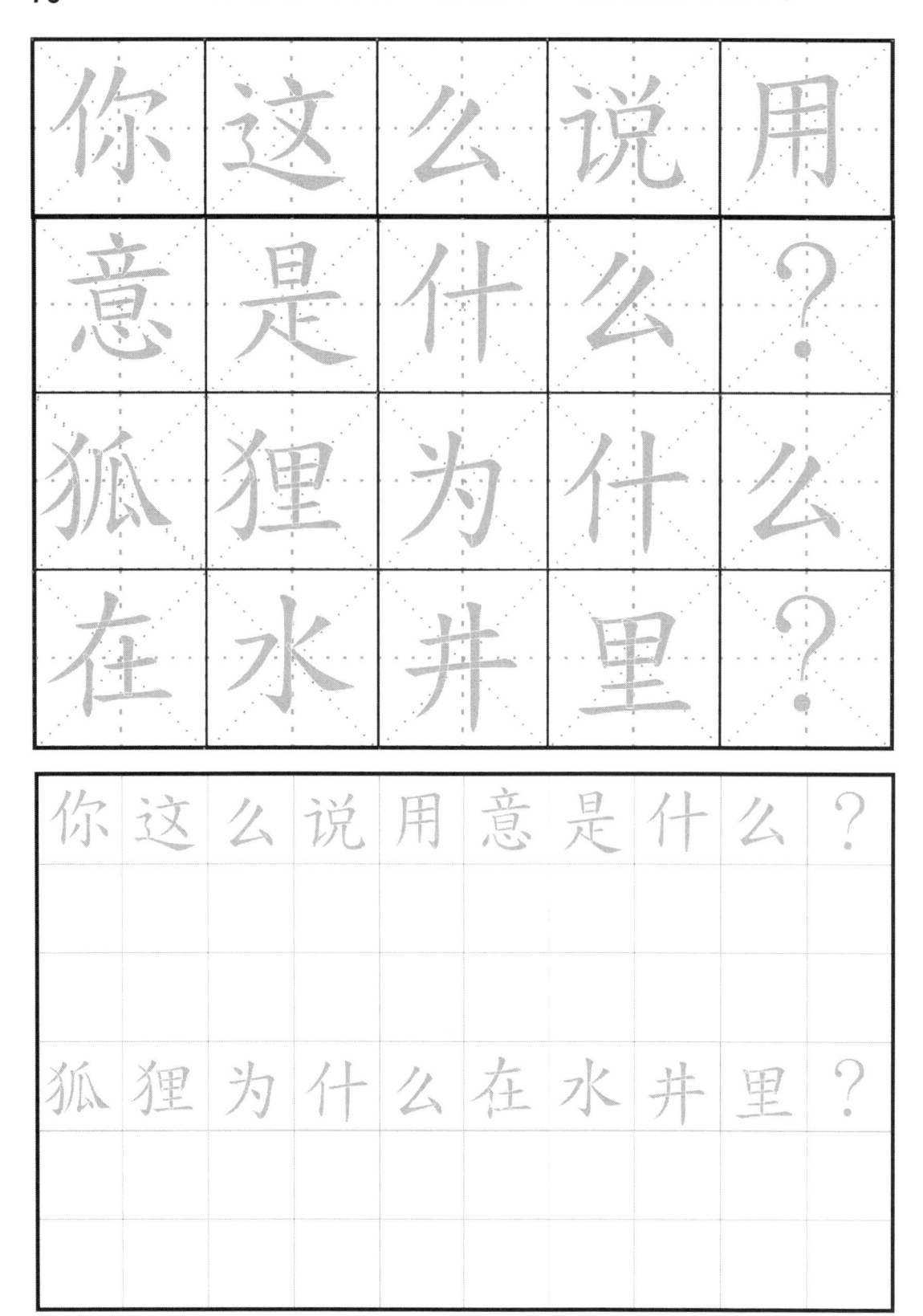

你这么说用意是什么？
狐狸为什么在水井里？

你这么说用意是什么？
狐狸为什么在水井里？

你这么说，用意是什么？
nǐ zhè me shuō yòng yì shì shí me
What's your intention for what you said?

狐狸为什么在水井里？
hú lí wéi shí me zài shuǐ jǐng lǐ ?
Why is the fox in the water well?

二人与熊　　风与太阳　　狐狸与山羊

人们说他是热心的人。

人们说他是热心的人。

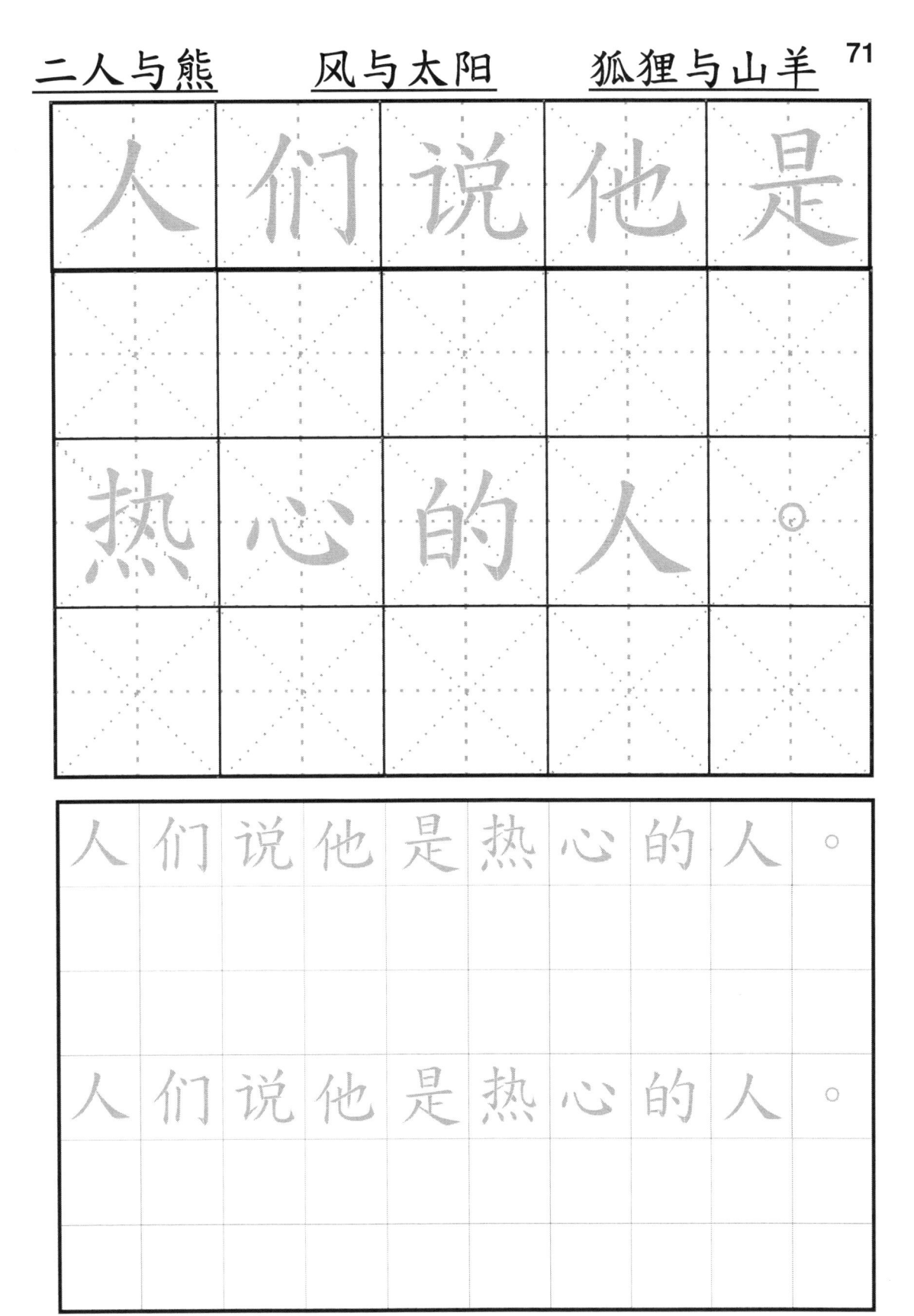

人们说他是热心的人。

人们说他是个热心的人。
rén men shuō tā shì gè rè xīn de rén。
People said that he is a warm-hearted person.

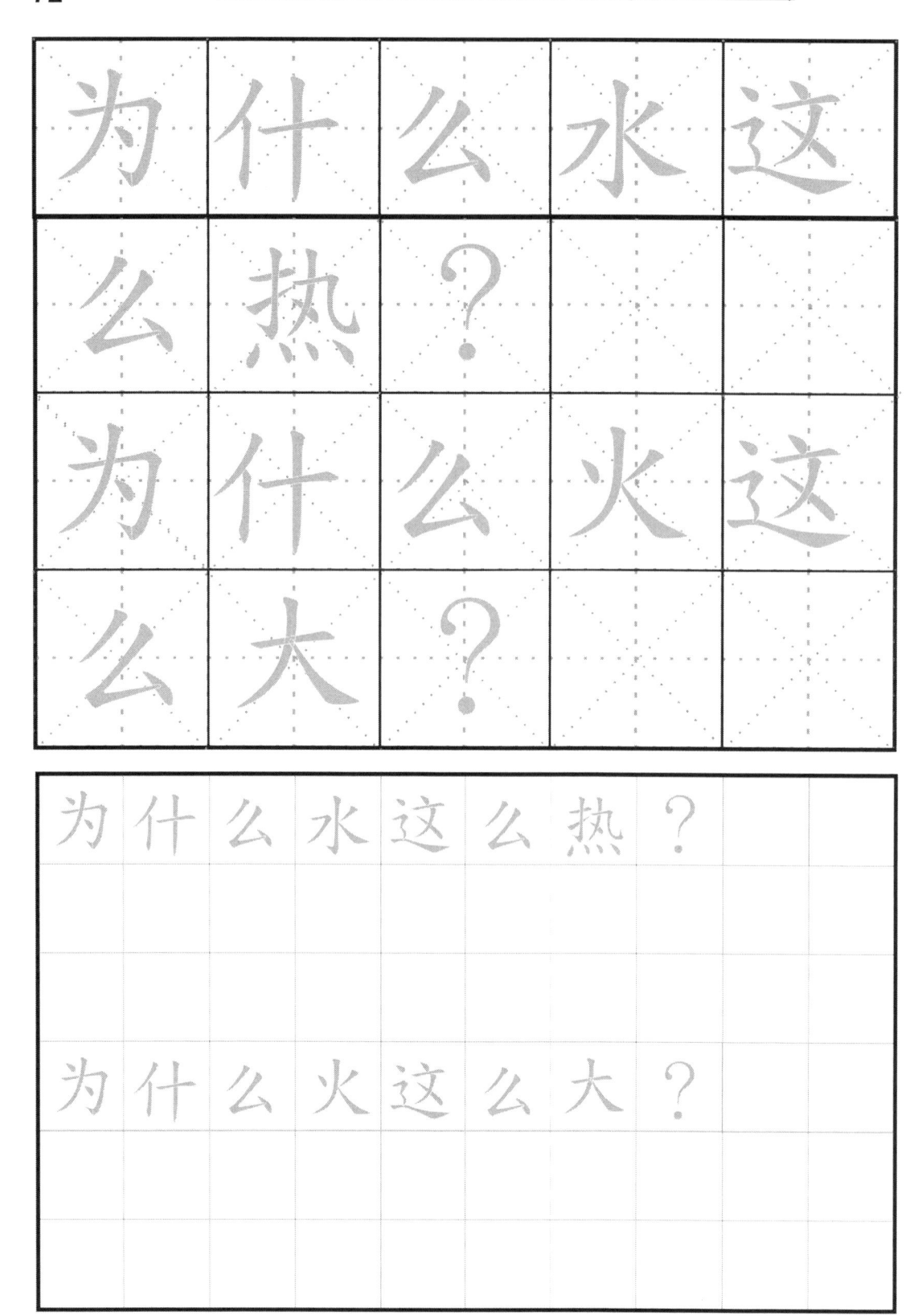

为什么水这么热？

为什么火这么大？

为什么水这么热？
wèi shí me shuǐ zhè me rè?
Why is the water so hot?

为什么火这么大？
wèi shí me huǒ zhè me dà?
Why is the fire so violent?

二人与熊　　风与太阳　　狐狸与山羊

这车子里装的是什么？
这车子运的是什么？

这车子里装的是什么？　zhè chē zǐ lǐ zhuāng de shì shí me？ What's in the vehicle?
这车子运的是什么？　　zhè chē zǐ yùn de shì shí me？ What's being transported in the vehicle?

这是什么？
有什么用？
你知道这有
什么用吗？

这是什么？有什么用？

你知道这有什么用吗？

这是什么？有什么用？ zhè shì shí me ? yǒu shí me yòng ? What's this? What's the usage of it? **你知道这有什么用吗？** nǐ zhī dào zhè yǒu shí me yòng ma ? Do you know what is the usage of it?

二人与熊　　　风与太阳　　　狐狸与山羊

你知道我为什么来北京
你知道为什么我来北京

你知道我为什么来北京？
nǐ zhī dào wǒ wéi shí me lái běi jīng?
Do you know why I come to Beijing?

我开了10个小时的车来

我开了10个小时的车来

我开了10个小时的车来

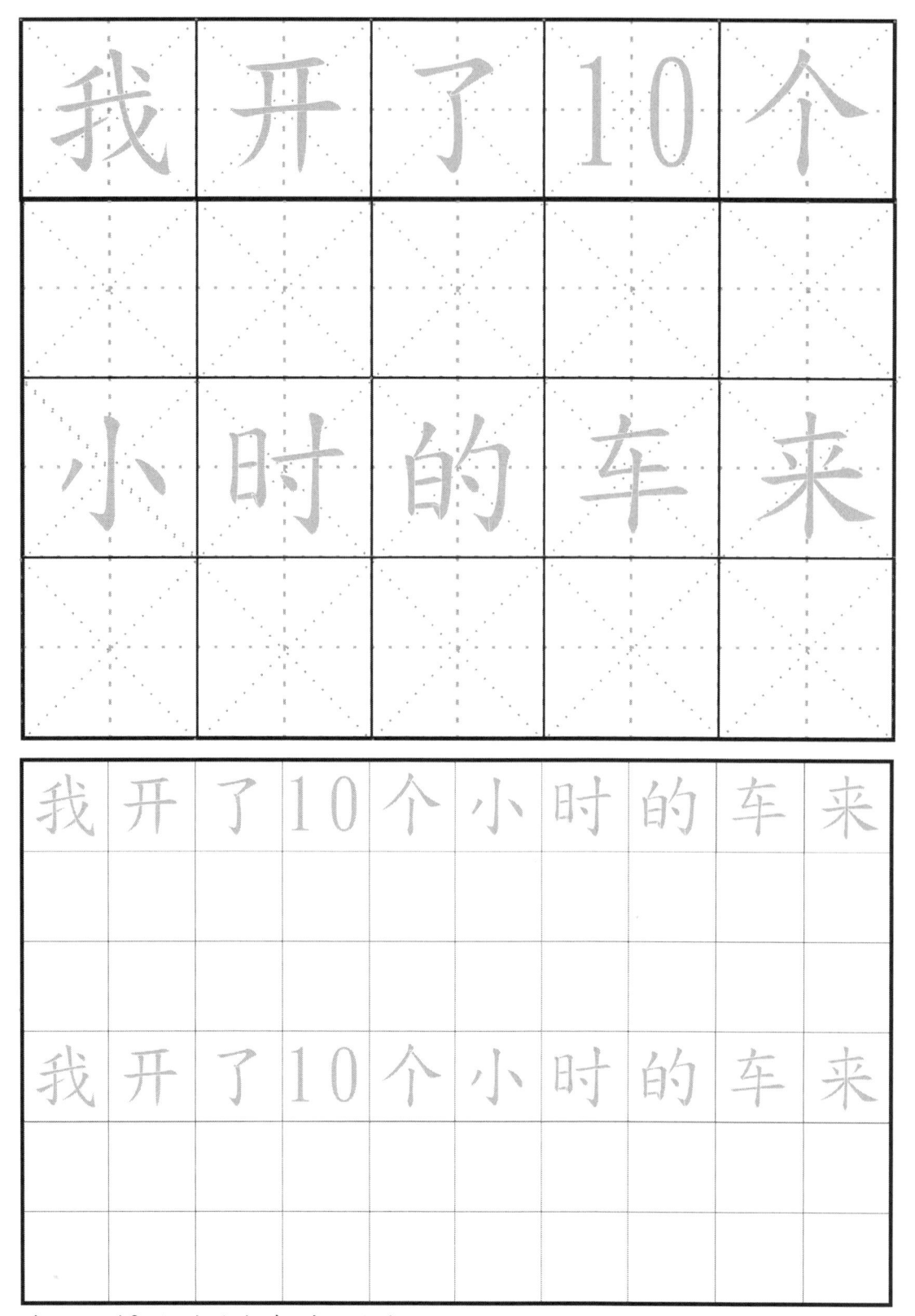

我开了10小时的车来到了北京。 wǒ kāi le shí xiǎo shí de chē lái dào le běi jīng
I drove for 10 hours and finally I arrived at Beijing.

二人与熊　　　风与太阳　　　狐狸与山羊

到了北京。

他走了十个

到了北京。他走了十个

到了北京。他走了10个

小时的路来到了北京。

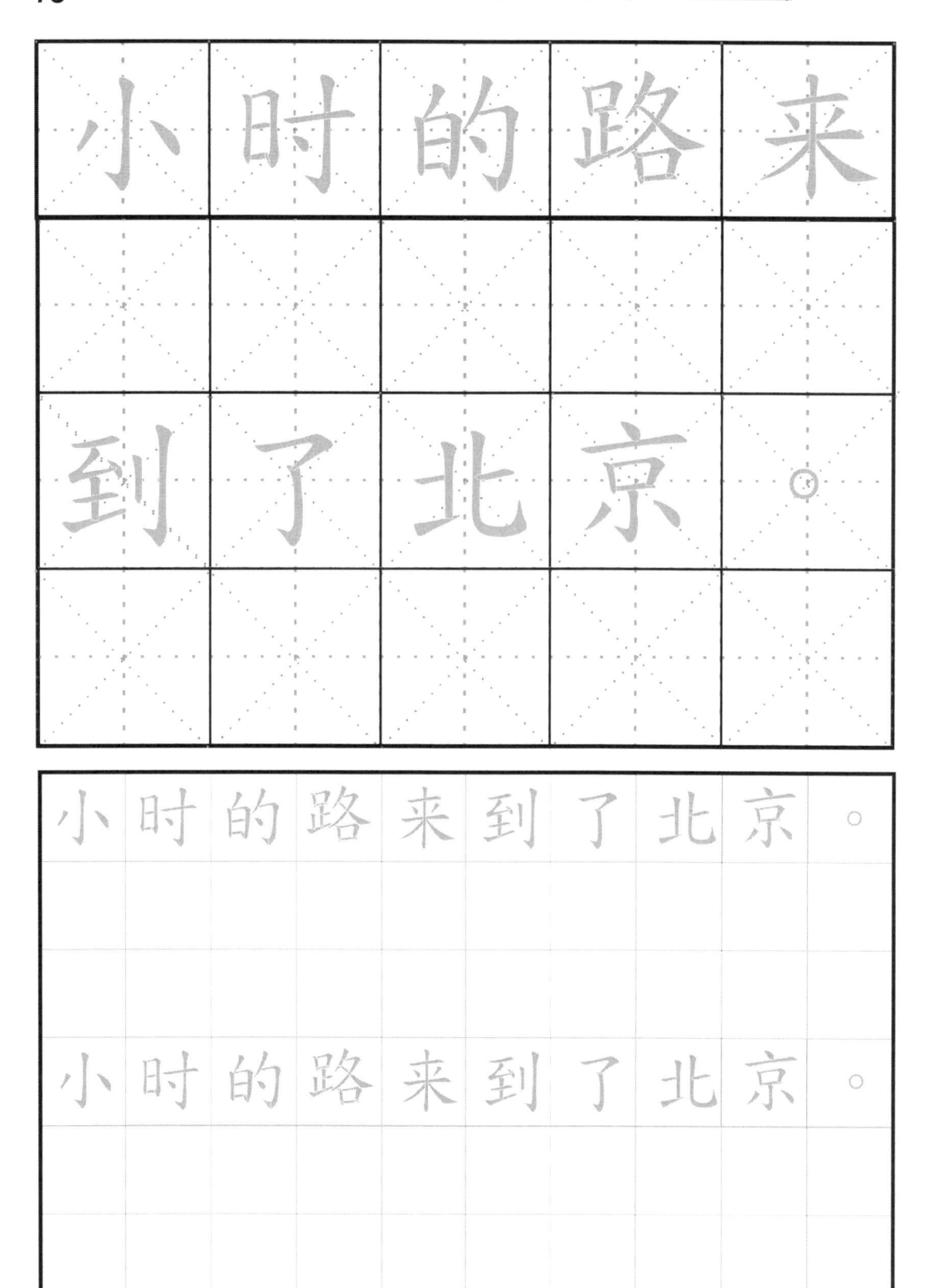

小时的路来到了北京。

小时的路来到了北京。

他走了十个小时的路来到北京。
tā zǒu le shí gè xiǎo shí de lù lái dào běi jīng。
He arrived at Beijing after walking 10 hours.

他走了个10小时的路来到北京。
tā zǒu le shí gè xiǎo shí de lù lái dào běi jīng。

二人与熊　　风与太阳　　狐狸与山羊

走路要小心，开车也要

走路要小心，开车也要

走路要小心，开车也要

走路要小心，开车也要小心，说话更要小心！
zǒu lù yào xiǎo xīn，kāi chē yě yào xiǎo xīn，shuō huà gèng yào xiǎo xīn！
We have to be alert while walking. Also we have to be alert while driving. Especially, we have to be alert while speaking.

小心，说话更要小心！

小心，说话更要小心！

小心，说话更要小心！

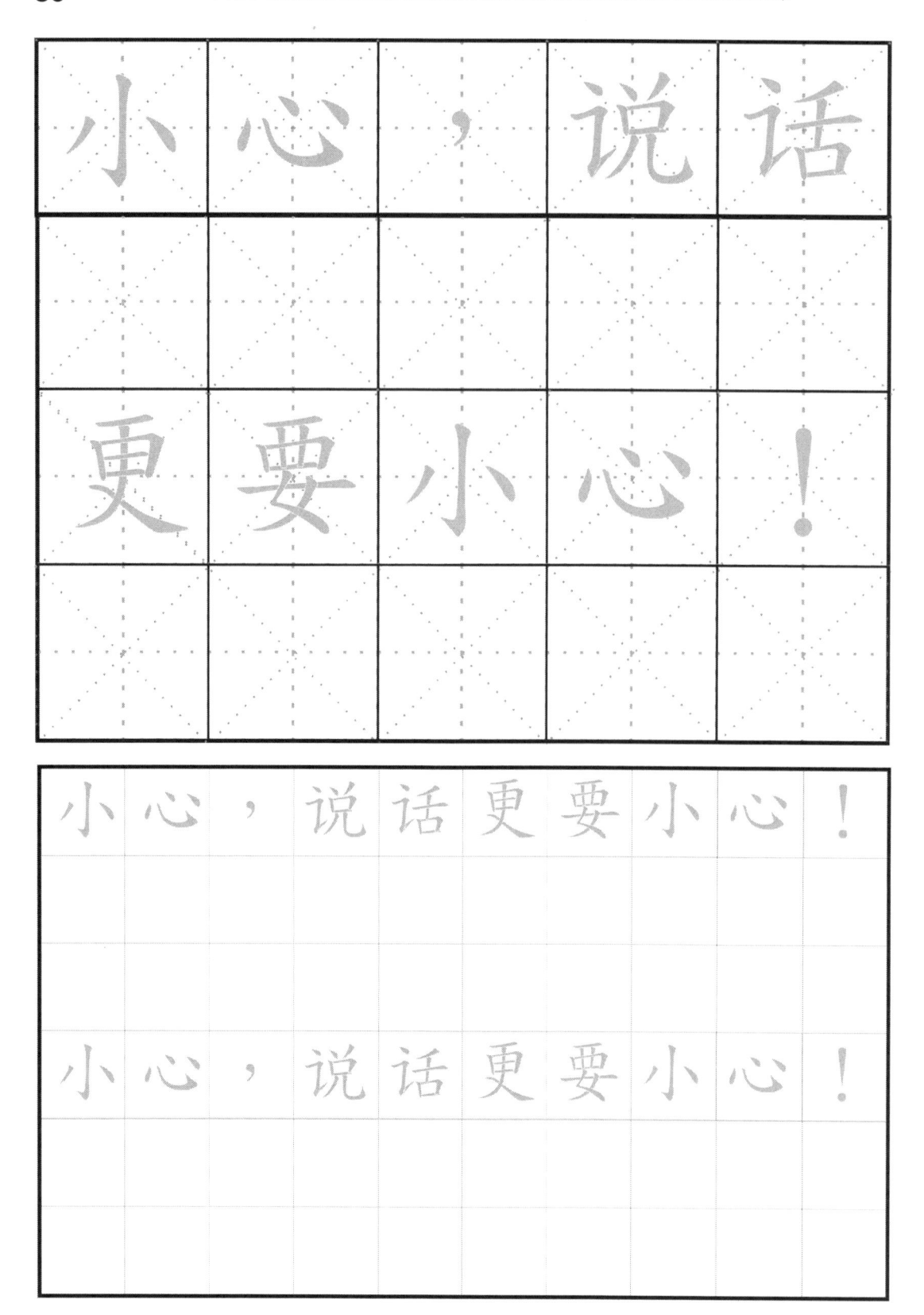

二人与熊　　风与太阳　　狐狸与山羊　81

过马路时，要小心车子

过马路时，要小心车子

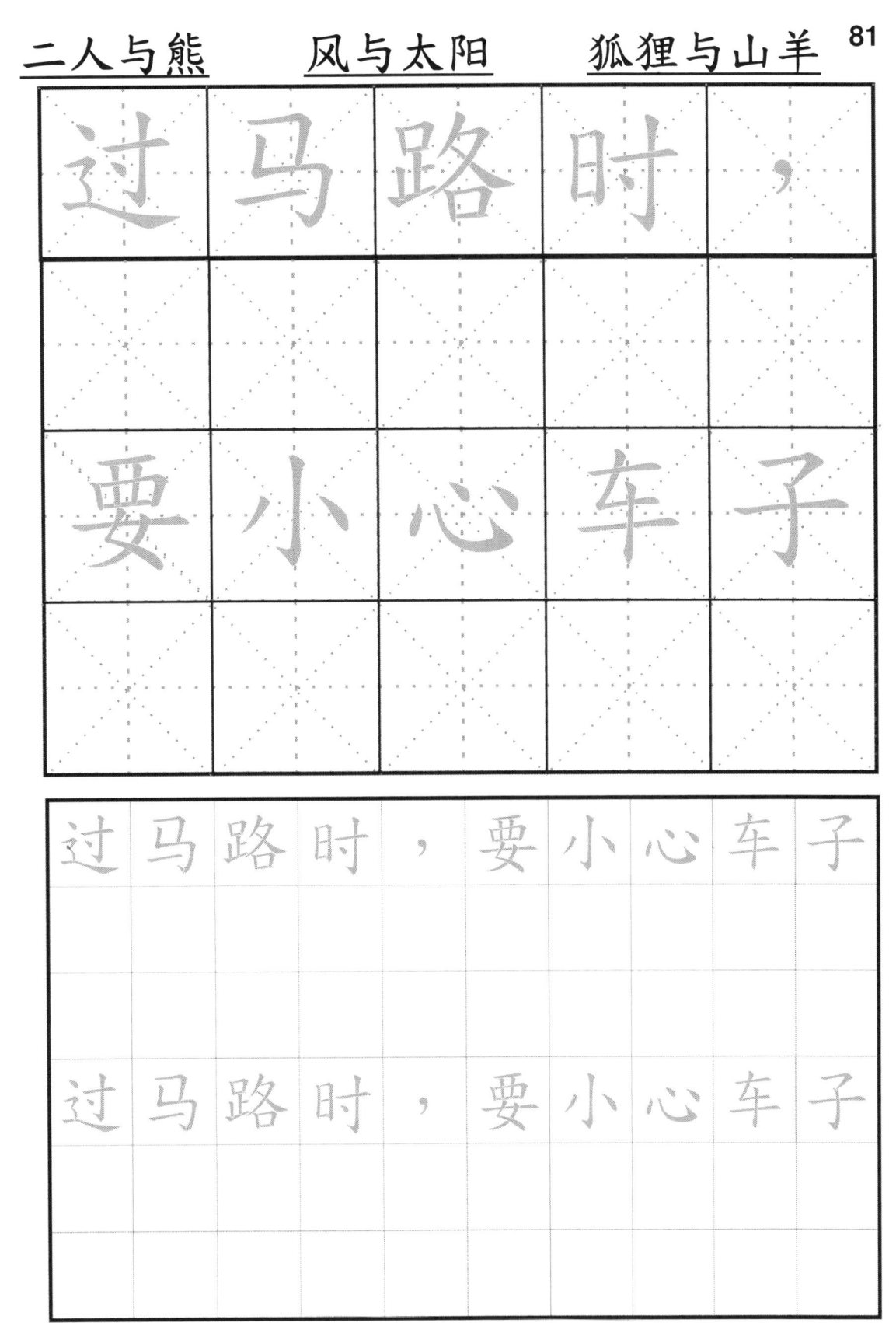

过马路时，要小心车子

过马路时，要小心车子！
guò mǎ lù shí, yào xiǎo xīn chē zǐ !
Be cautious about vehicles while crossing the road!

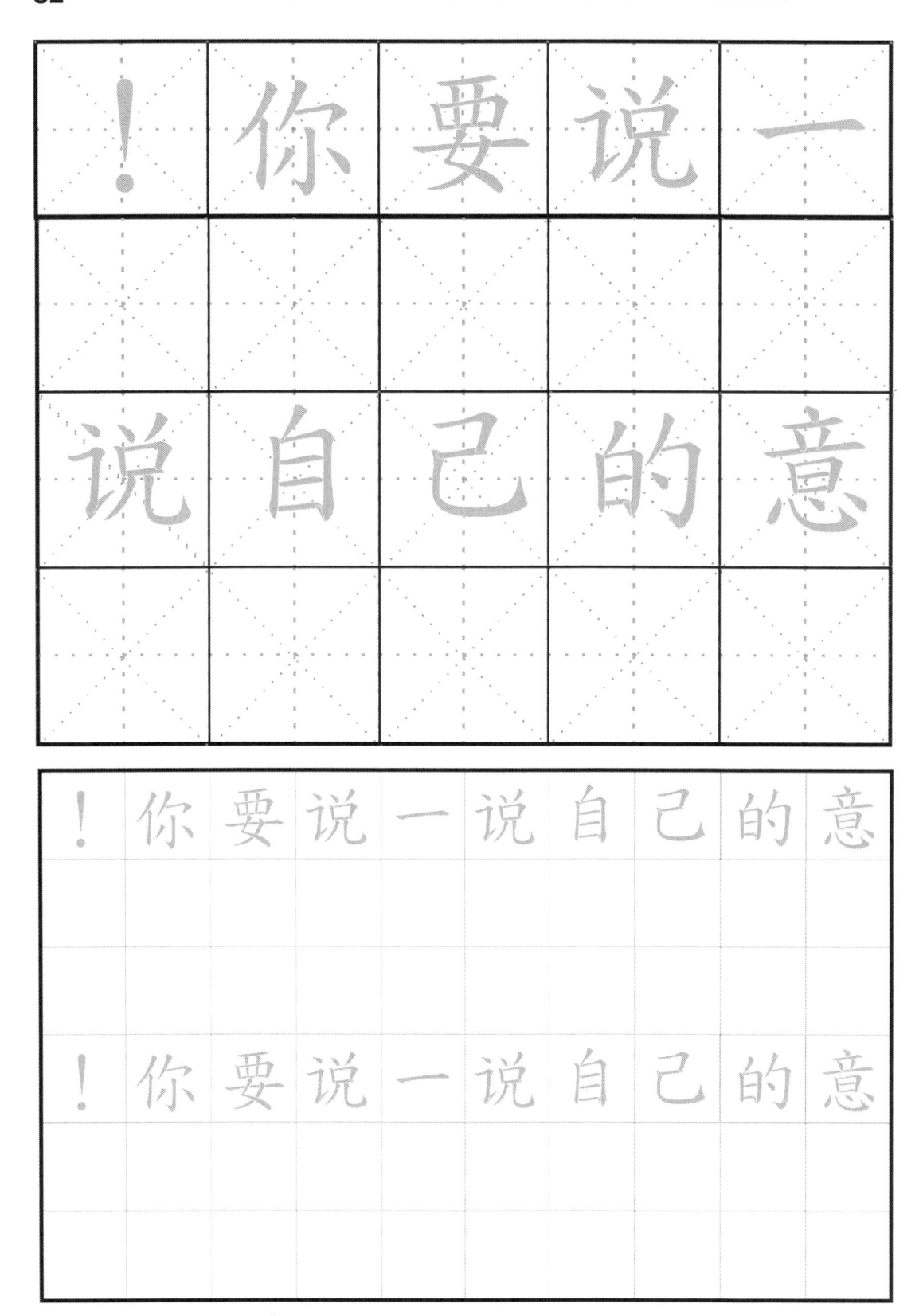

！你要说一说自己的意

你要说一说自己的意见吗？　nǐ yào shuō yī shuō zì jǐ de yì jiàn ma ?
Would you like to talk about your own opinion?

二人与熊　　风与太阳　　狐狸与山羊

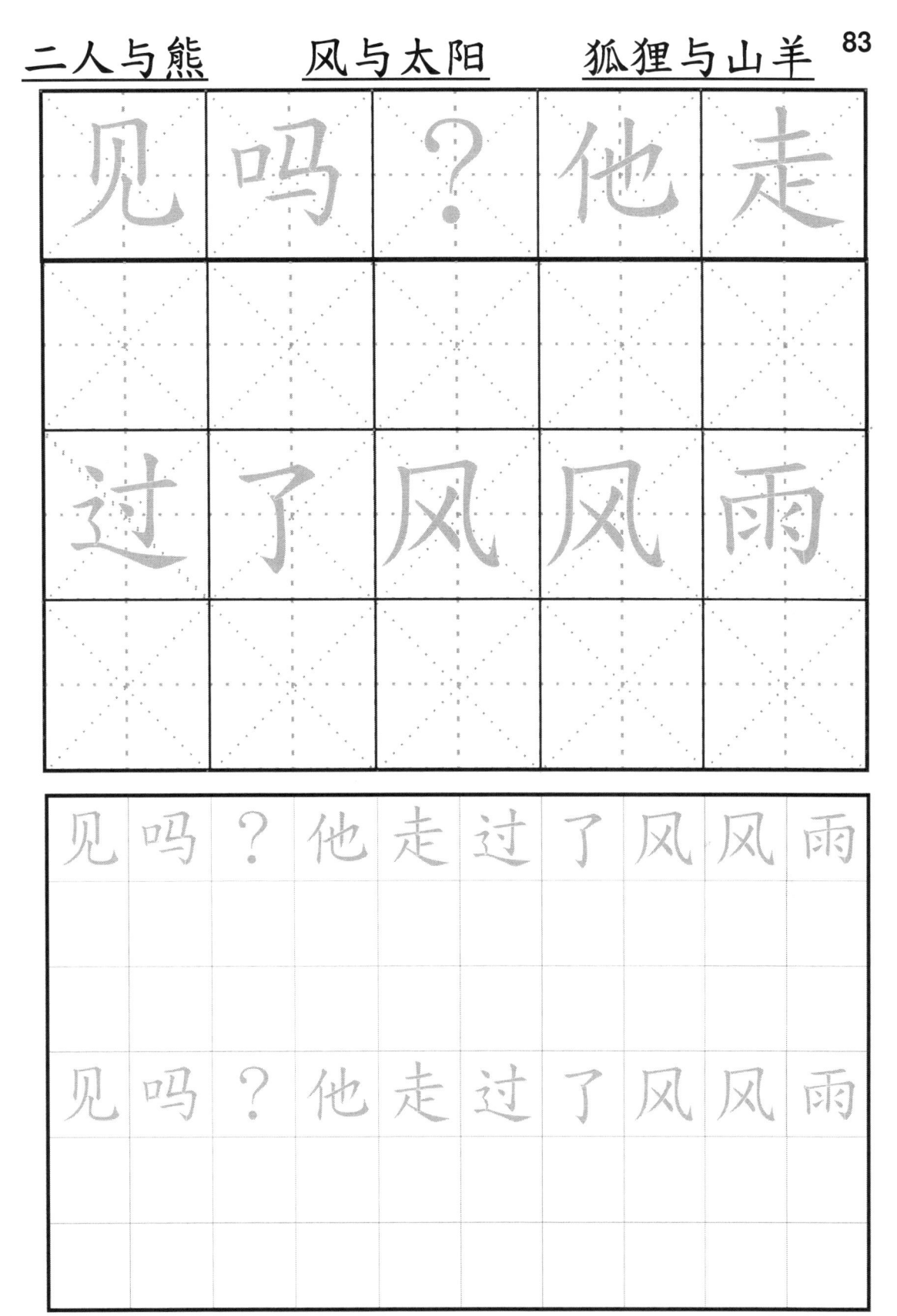

见吗？他走过了风风雨

见吗？他走过了风风雨

见吗？他走过了风风雨

他走过了风风雨雨人生路。
tā zǒu guò le fēng fēng yǔ yǔ rén shēng lù
He lived the ups and downs in the road of life.

雨 人 生 路 。

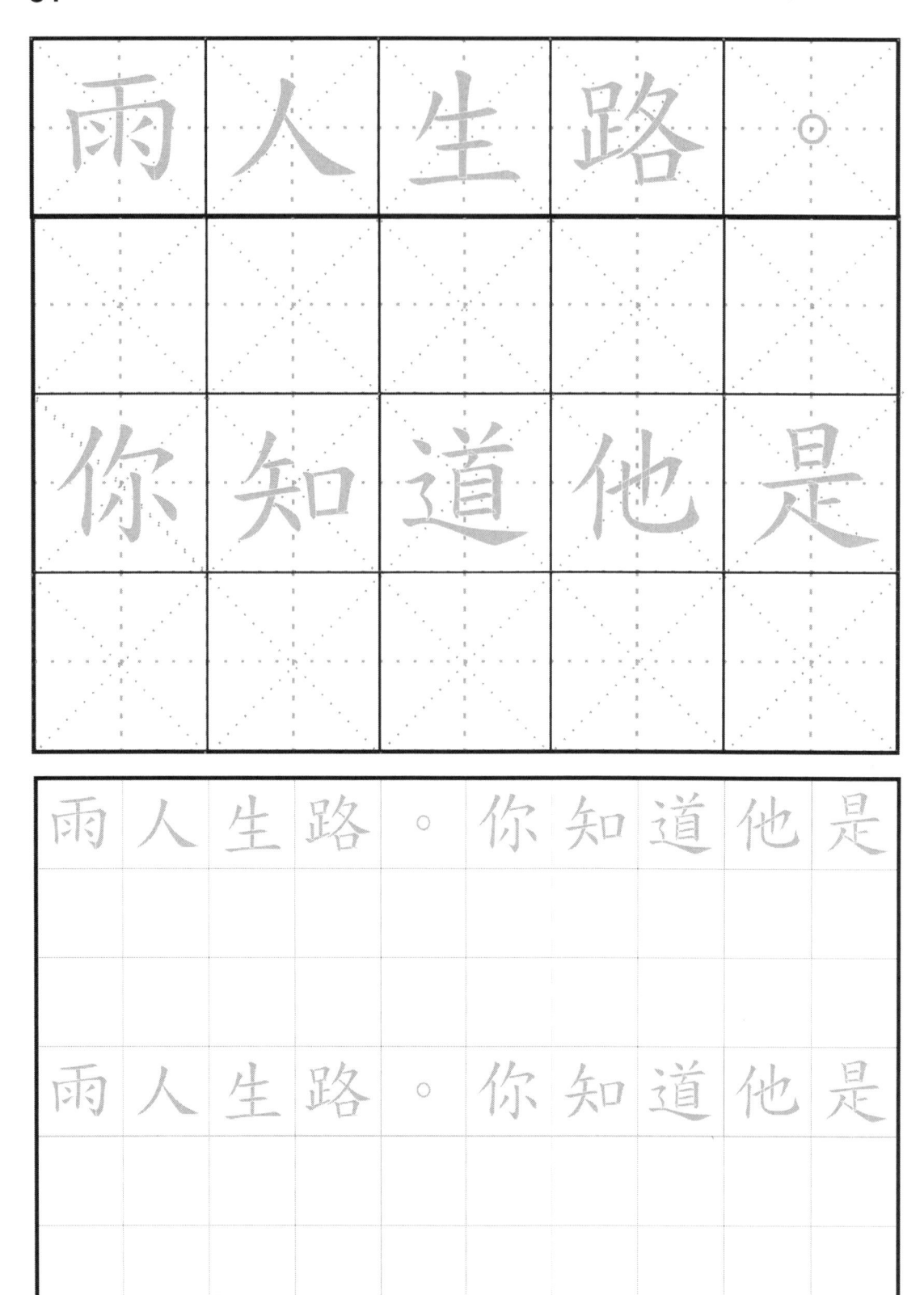

你 知 道 他 是

雨 人 生 路 。 你 知 道 他 是

雨 人 生 路 。 你 知 道 他 是

二人与熊　　　风与太阳　　　狐狸与山羊　　85

谁 吗 ？ 我 知 道 他 是 谁 ！

谁 吗 ？ 我 知 道 他 是 谁 ！

谁 吗 ？ 我 知 道 他 是 谁 ！

你知道他是谁吗？我知道他是谁！
nǐ zhī dào tā shì shuí ma？wǒ zhī dào tā shì shuí。
Do you know who he is? I know who he is.

他们是谁？

这儿发生过

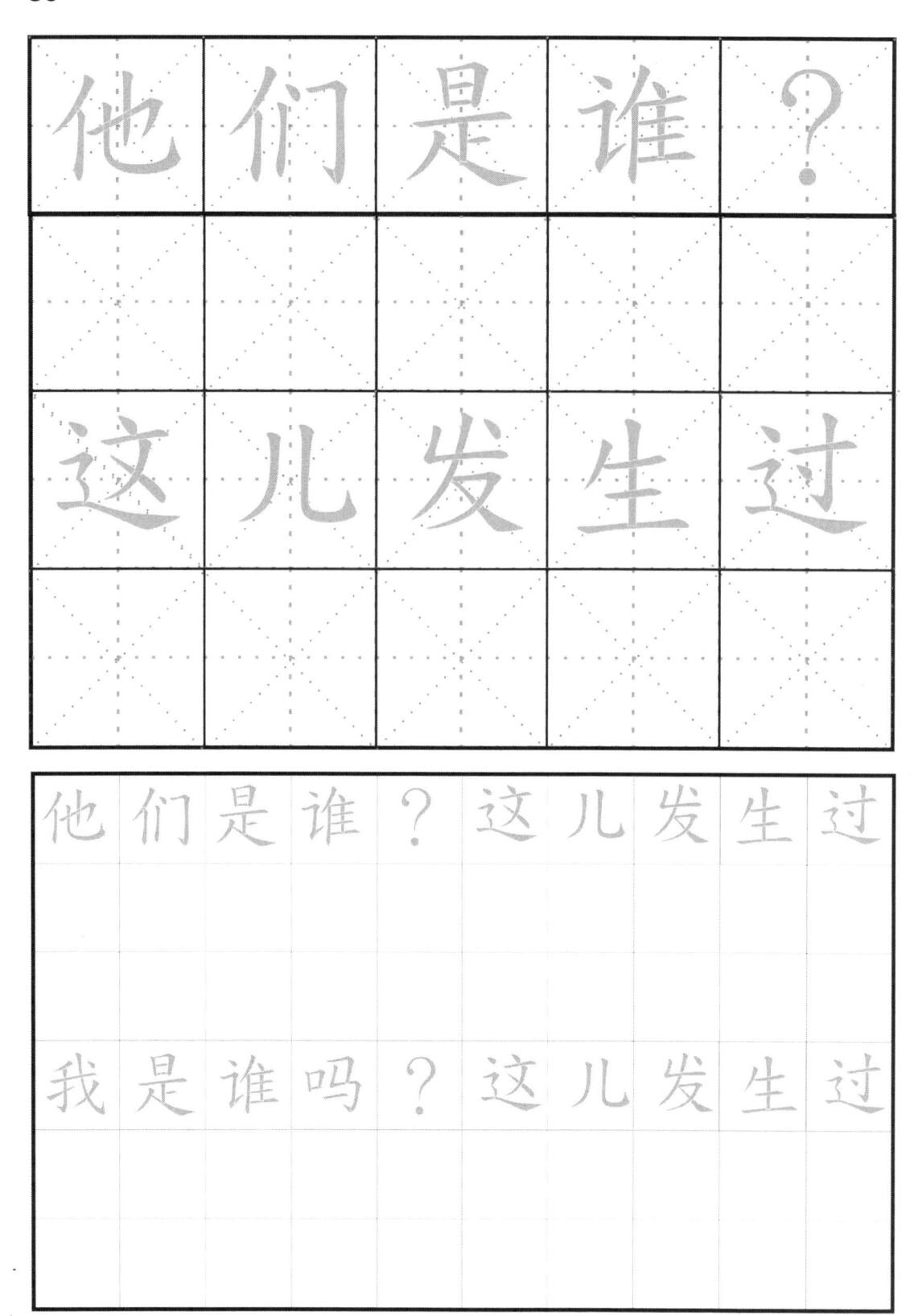

他们是谁？这儿发生过

我是谁吗？这儿发生过

他是谁吗? tā shì shuí? Who are they?
这儿发生过森林大火吗?
zhè ér fā shēng guò sēn lín dà huǒ ma? Did a forest fire breakout here?

二人与熊　　风与太阳　　狐狸与山羊　87

森林大火吗

？失火了！

森林大火吗？失火了！

森林大火吗？失火了！

失火了！ shī huǒ le
A fire breaking out!

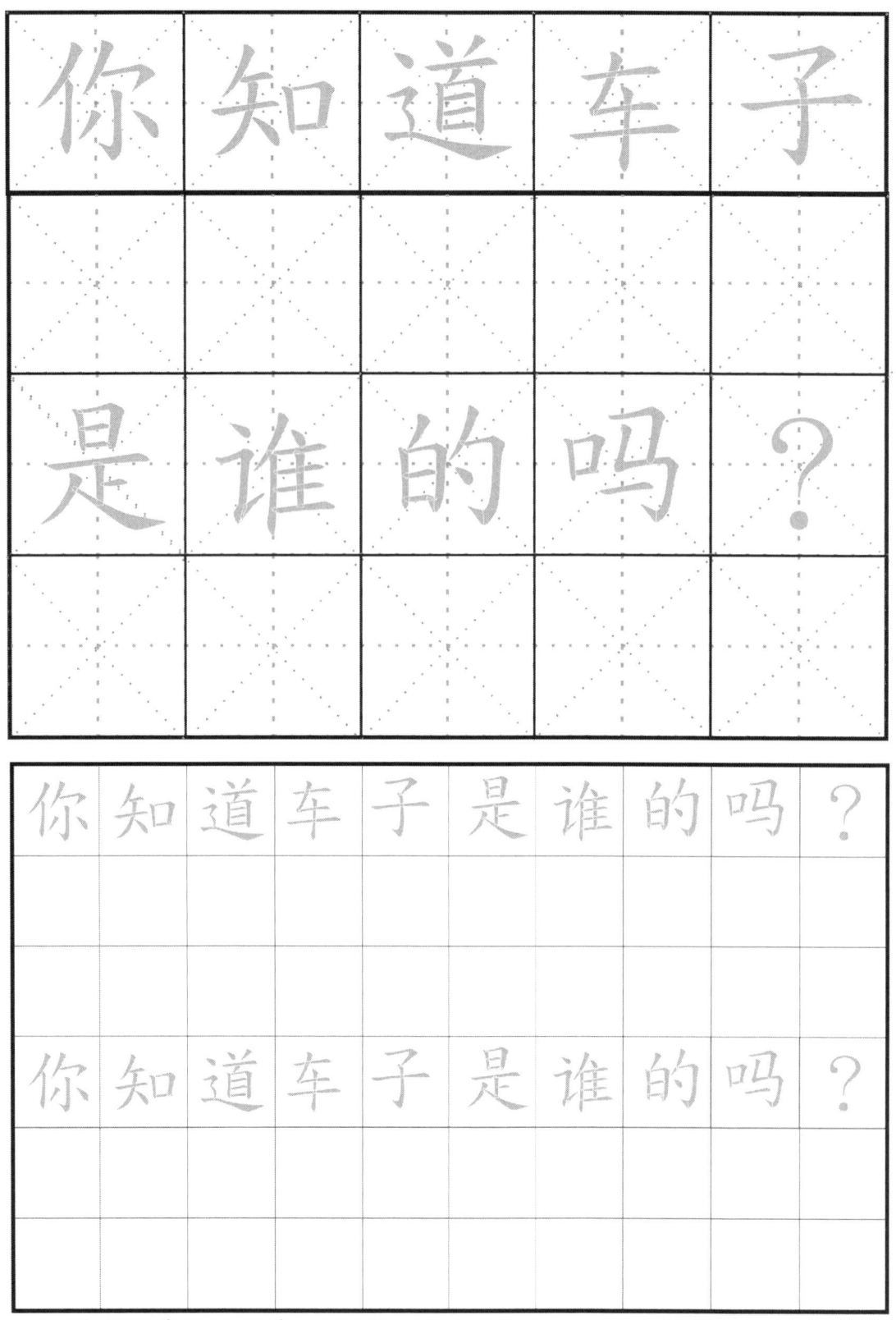

你知道车子是谁的吗？

你知道车子是谁的吗？
nǐ zhī dào chē zǐ shì shuí de ma ？ Do you know whose vehicle this is?

二人与熊　　　风与太阳　　　狐狸与山羊

我们一起照
个相好吗？
我们一起照
个相！你要

我们一起照个相好吗？
我们一起照个相！你要

我们一起照个相好吗？ wǒ men yī qǐ zhào gè xiàng hǎo ma？　Should we take a photo together?
我们一起照个相！　　　wǒ men yī qǐ zhào gè xiàng！　　Let's take a photo together?

我 為 你 照 个
相 吗 ？ 你 要
不 要 在 大 树
下 照 个 相 ！

我 為 你 照 个 相 吗 ？ 你 要

不 要 在 大 树 下 照 个 相 ！

你要我为你照个相吗？你要不要在大树下照个相！
nǐ yào wǒ wéi nǐ zhào gè xiàng ma ? nǐ yào bú yào zài dà shù xià zhào gè xiàng !
Do you want me to take a photo for you?   Do you want to take a photo under the tree?

二人与熊　　风与太阳　　狐狸与山羊 91

我	看	过	他	上
个	月	在	北	京
照	的	相	了	。
你	看	过	吗	?

| 我 | 看 | 过 | 他 | 上 | 个 | 月 | 在 | 北 | 京 |
| 照 | 的 | 相 | 了 | 。 | 你 | 看 | 过 | 吗 | ? |

我看过他上个月北京照的相了！你看过吗?
wǒ kàn guò tā shàng gè yuè běi jīng zhào de xiàng le !nǐ kàn guò ma?
I have seen his photos taken in Beijing last month. Have you seen them?

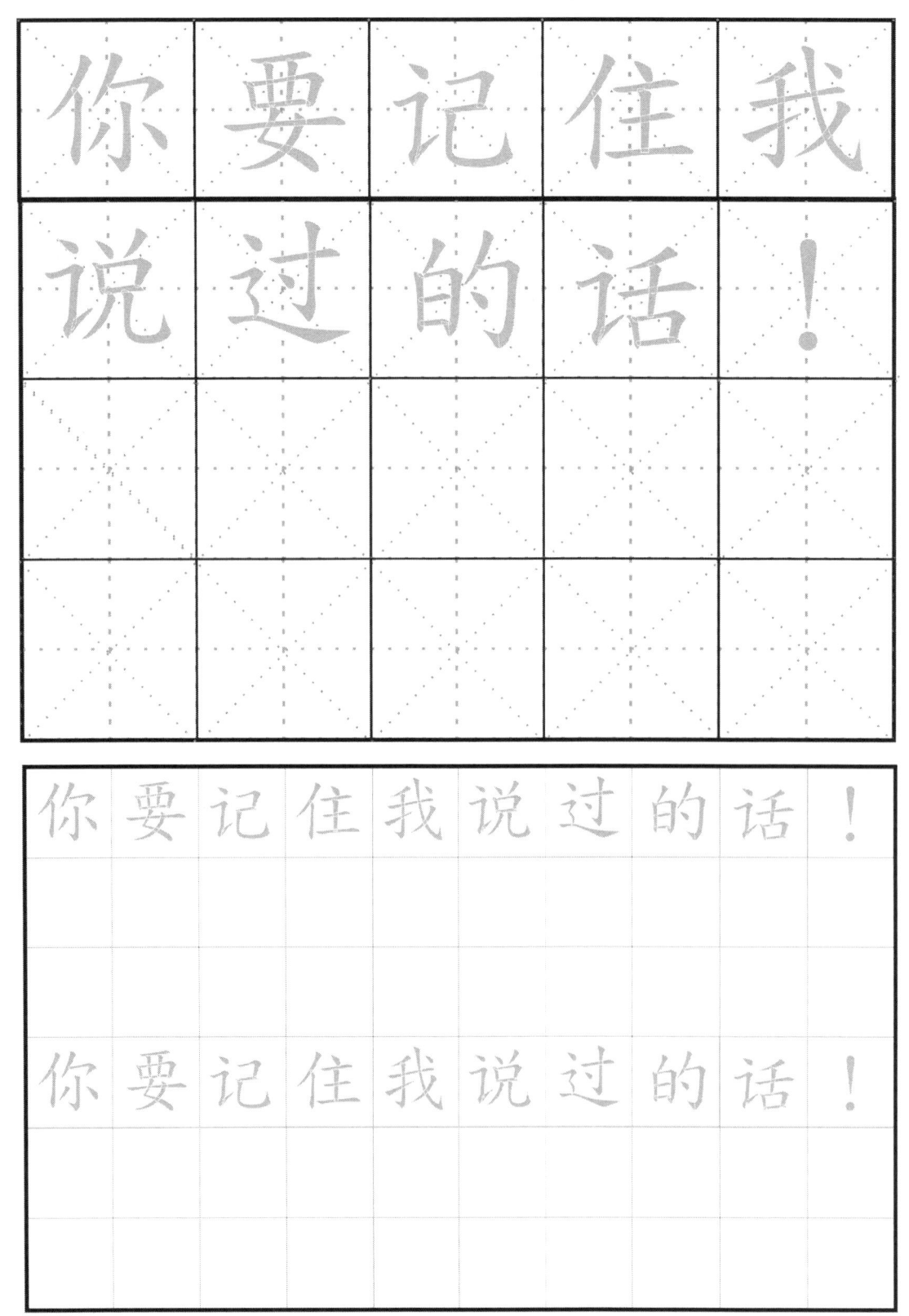

你要记住我说过的话!
nǐ yào jì zhù wǒ shuō guò de huà!
You must remember what I said.

Made in the USA
San Bernardino, CA
10 December 2012